コミック版

逆説の日本史

An Upside-Down History of Japan

Original Concept & Scenario : Motohiko Izawa / Manga : Kiyokazu Chiba

幕末維新編

[原作・脚本]井沢元彦

[漫画]千葉きよかず

小学館

コミック版

逆説の日本史

幕末維新編

まえがき

「風が吹けば桶屋が儲かる」という諺《ことわざ》（?）がある。

解説すると、①風が吹くと、砂塵《さじん》が巻き上がる。②砂が多くの人の目に入り、視覚障害者が増える。③視覚障害者は多く三味線弾きに転職し（昔は視覚障害者の仕事は限られていた）、三味線の需要が高まる。④三味線の胴皮の材料を得るため、猫が多数殺される。⑤天敵の猫が減って、ネズミが多数繁殖する。⑥多数のネズミがかじって桶が使えなくなり、桶屋が儲かる、ということだ。

実は、私はこの諺を「歴史を理解する極意」だと考えている。冗談ではなく真面目な話だ。

どういうことか？　この諺の言わんとするところは、「ある出来事が一見まるで関係がないと思われる物事の原因となることもある」ということだろう。一般に、ある原因で、ある結果が生まれた場合、両者には因果関係、つまり原「因」と結「果」の関係があるという。

例えば、宝くじに当たったから大金持ちになったという場合、宝くじに当たったことが「原因」で、大金持ちになったという「結果」を生んだのだから、両者には因果関係がある。

これなら誰でも理解できるが、問題は、原因と結果の間が、「風が吹けば〜」のように、何段階にも分かれ時間が経過している場合である。

短い人間の一生でも、子供の頃のケガが「原因」で、晩年になってそれが悪化し重症となるという「結果」を生むことがある。ましてや長い歴史では、原因と結果の間が数百年かかることも珍しいことではない。

ところが今の日本の歴史学界では、例えば、鎌倉時代を研究している人と室町時代を研究している人とでは「専門」が違うし、相互の交流もほとんどない。だからこのような歴史を研究できる機能がそもそも存在しないのだ。これを研究するためには、「通史」つまり、「ある特定の時代・地域・分野に限定せず、全時代・全地域・全分野を通して記述された総合的な歴史」(『デジタル大辞泉』)を研究するしかない。

ところが日本の歴史学界は、「ある特定の時代・地域・分野」の専門家ばかりで、「通史」の専門家は一人もいない。それどころか、「日本通史学」という分野すらない。

お分かりだろう、そこのところを私は補おうとしている。

その実例の一つが「本能寺の変が江戸幕府を崩壊させた」である。ひょっとしたら、「えっ、本能寺の変が江戸幕府を誕生させた、の間違いじゃない?」と思った読者もいるのではないか。確かに戦国末期から江戸へという「特定の時代」しか見なければ、そういう結論になる。

だが、徳川家康が朱子学を武士の基本教養としたことが「原因」で、どんな「結果」が生まれたかを「全時代・全地域・全分野を通して」見れば、結論はまったく異なる。

そのあたりが歴史の醍醐《だいごみ》味なので、読者の皆さんにはぜひそれを味わっていただきたいと考えている。

コミック版　逆説の日本史　幕末維新編　目次

装幀　泉沢光雄

エピソード1
ペリー来航から16年！
開国を遅らせた朱子学の呪縛
いよいよ幕末維新編ですね～
土《ひじ》方《かた》や沖田に会えるかも～
幕末っていつからだと思う?
ん～～～、やっぱりペリー来航からですかね?
一般にはそうだが、明確な定義はないんだ。そもそも幕末って呼び方は好きじゃない。
後世の人がつけた名称だからね。
そう！
当時の人は幕府の末期とは考えてなかった。
だから、その時代の人の気持ちにならないと歴史の真実は分からない、ですよね。

その通り。ユウキ君も、歴史とは何かが分かってきたみたいだね。
歴史は、その時代を生きた人々が作ってきたものだ。
彼らを突き動かしたのは、合理的な理性とは限らない。人の情念や慣習、迷信とか…
思想や宗教なんかですよね。
そう、それが人の歴史を作り上げてきた。
で、幕末ですけど。
まあ便宜上、幕末と呼ぶしかないけどね…
さて、「江戸大改革編」では、徳川幕府の政治哲学だった朱子学による弊害を辿《たど》ったわけだけど、
この幕末期の日本がおかれた対外情勢を見ておこうか。
どこに行くんですか？
ん？ それプロジェクター？
まずは幕末期の主な欧米列強との関連事項を確認しとかないとね。

1792 露国ラクスマン来航→1804 露国レザノフ来航→
1808 英国フェートン号不法侵入事件→1811 露国ゴローウニン事件→
1824 英国航員常陸・薩摩上陸→1825 異国船打払令→
1837 米国モリソン号砲撃事件→1840~1842 アヘン戦争→
1842 薪水給与令→1844 オランダ国王開国勧告
1846 ビッドル暴行事件→1853 米国ペリー来航→
1854 日米和親条約
あ――……
「江戸大改革編」の復習ですか。
そ、幕末はこの頃から始まったんだよ。
なるほど。産業革命後の、欧米列強による植民地政策の影響ですね。
開国への流れこそが幕末のスタートなんだ。
そう言えば、高校教科書には、ペリー以前のビッドル暴行事件について書いてなかったですよ。

「通商を要求したが幕府は拒絶した。」だけでした。
日米交渉史の始まりなのに?
重要な日米関係のスタートだよ?
やっぱり教科書はダメだな。
日本人の基本的教養であるべきなのに。
さすがに、友好親善の使者に暴力を振るったなんて、書けなかったんですかね。
歴史常識になってない。
それどころか、
日本人のほとんどが、ビッドル後のペリー来航を、突然やってきて強引に開国を迫ったと思い込んでいる。
実は、ビッドルは間違って幕府ではなく川越藩の船に乗ろうとしていたらしい。だが、些細なミスだよ。
ハァ〜
日本の歴史教育の問題点だよ。
それで無礼者扱いだったんですね。でも米国の正式な使者なのに、大事件ですよ。
そこが、この時代の歴史を見るポイント。じゃ、行こうか。
待ってました!

1852年　秋
アメリカ合衆国ワシントン州
ホワイトハウス
大統領閣下、
ペリー代将ガ、
オ見エデス。
通シテ、
クレタマエ。
アメリカ合衆国第十三代大統領
ミラード・フィルモア
アメリカ東インド艦隊
司令長官
マシュー・C・ペリー代将
君ノ提案書ハ
読ンダ。ナカナカ
ヨクデキテイル。
ゼヒ私ニオ任セヲ。
必ズ日本ヲ開国
サセテミセマス。
下手《したて》ニ出レバナメラレマス。
現ニびっどる代将ハ日本ノ
さむらいニ殴打サレマシタ。
過チヲ繰リ返シテハナリマセン。
丁重ニ申シ入レルヨリ、
大砲デ威嚇シタ方ガ
上手クイク、
ト言ウンダネ？
ハイ。
分カッタ。
君ニ任セヨウ。
タダシ
言ッテオクガ、

我々ノ目的ハアクマデ平和裏ニ日本ト貿易ヲスルコトダ。一人モ日本人ヲ殺シテハナランゾ。我々ハ「ブリッツ」トハ違ウノダカラ。
肝ニ銘ジマス。
意味は分かった？
大統領が最後に言った「ブリッツ」って？
野蛮な英国人ってこと。丁寧な言い方ではないけどね。
昔、日本人がジャップって呼ばれたのと同じ？
そこまでひどい言葉じゃない。でもアメリカ人はイギリスの乱暴なやり方に反感を持っていた。
だからこそイギリスの植民地から独立したんだ。多くの血まで流してね。
そっか、アメリカとイギリスではやり方がぜんぜん違うんだ。
イギリスなら、
突き飛ばされた時点で戦争だ。容赦なく砲撃して、降参したら不平等条約を押しつけ、アヘンを売りつける。

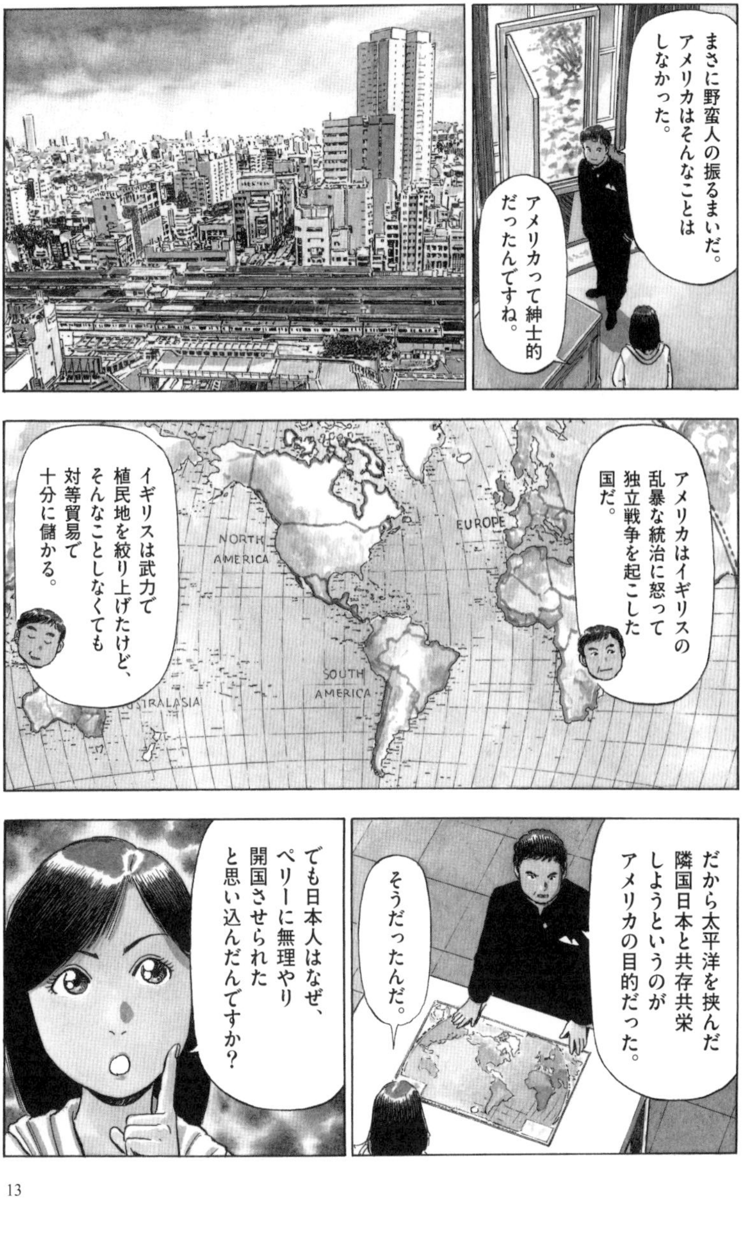
まさに野蛮人の振るまいだ。アメリカはそんなことはしなかった。
アメリカって紳士的だったんですね。
アメリカはイギリスの乱暴な統治に怒って独立戦争を起こした国だ。
イギリスは武力で植民地を絞り上げたけど、そんなことしなくても対等貿易で十分に儲かる。
EUROPE
NORTH AMERICA
SOUTH AMERICA
だから太平洋を挟んだ隣国日本と共存共栄しようというのがアメリカの目的だった。
そうだったんだ。
でも日本人はなぜ、ペリーに無理やり開国させられたと思い込んだんですか？

無理やり開国
させられたのは
事実かもしれない。
しかし日本人はペリー艦隊が
空砲をぶっ放したのは
よく覚えてるのに、
ドーン!
自分達が先に
アメリカの使節に
暴力を振るったことを
完全に忘れている。
やっぱり
歴史教育って
大事ですね。
そう。こんな
誤解が起きるのも、
歴史を知るには
何が大切かが、
分かっていない
からだ。
でも、アメリカも
しつこくないですか?
ガンコな日本なんか
諦めるっていう
選択肢はなかった
のかな?
違う。
反対側、東海岸の
ノーフォークを出航
し、アフリカ南端を
通り、インドから
中国を経て、琉球
経由で日本に来た。
ペリーはどういう
航路で日本に来たか、
知ってる?
え?
太平洋を渡って
来たんじゃ
ないんですか?

とんでもない遠回りじゃないですか。
黒船、つまり蒸気船は木造帆船に比べてあらゆる点で優れている。
蒸気機関のパワーでスピードも出るし荷物も多く積める。
江戸城を攻撃可能な巨大な大砲も搭載できるし、船全体を鉄張りにもできる。
しかし唯一の欠点は、
燃料のいらない木造帆船に比べて、石炭がないとただの鉄の塊になってしまうこと。
だから寄港地での石炭や食料の補給が必要だった。ところが日本は鎖国中で補給できる保証がない。
反対側から行かざるを得なかったのか…
ということは、日本が開国してくれないと、アメリカは太平洋ルートを自分のものにできない。
巨大マーケットである中国へ行くのに、太平洋を渡るのと、大西洋経由でインド洋を回るのと、どちらがいいかってことだね。

だからアメリカは日本に好意的だったんですね。
でも、そのことを幕府が全然理解していなかった。
次のシーンも見ておいた方がいいな。
？
武蔵国　横浜村
応接所
（現神奈川県横浜市）
ここが和親条約の交渉現場だ。
ペリーと艦隊士官二名、日本側は侍三名がテーブルについている。
おーーっ!!
ペリーの話す内容が士官に伝えられ、その士官がオランダ語で日本側の通訳に伝え…
伝言ゲームですね。
その通訳が全権大使の林復斎《ふくさい》に伝える。
英語で直接※話せる者がいなかったんだ。

※中浜萬次郎（ジョン万次郎）は「アメリカのスパイ容疑」で左遷されていた。

言ウマデモナイコトダガ、我々ハ上陸ニ際シテ日本側カラ提供サレル水ヤ野菜ナドノ商品ニ対シテ相当ノ代価ヲ払ウ用意ガアル。
○△□△×○※
△□○※○×□
……
――!!
□※△○□△×
△○□×※□○
全権大使ハ抗議シマス。直チニ商品トイウ言葉ヲ訂正シ、物品ト改メテクダサイ。
？
分カラン。ドウイウコトダ？

トニカク改メテクダサイ。改メナケレバ交渉ハココデ打チ切ラセテ頂キマス。
ドーン!
分カラナイ、イッタイ何ガだめナンダ!
何をモメてるんですか?
研究所に戻って説明するよ。

キュ
キュ
merchandise
goods
意味は…？
え〜と、
マーチャンダイズが商品、
グッズはモノ？
merchandise
goods
モノというより
物品と言っておこうか。
日米和親条約の
内容交渉に入った
ところで、ペリーは
日本から提供される
食料品などの「商品」
について、
代価を支払う
用意がある、
と言った。
当然だよね、不平等
条約じゃないんだから。
ところが幕府全権が
「商品と言うな、
物品と言え」
と猛烈に抗議したから
騒ぎになった。

ペリーはなぜ幕府側が激怒したのかさっぱり分からない。
goods
私も分からないです。
いや、君なら分かるはず。ヒントは商品と物品はどこが違うか。
「商」の字だ。
あ!
そうか! 日本側の提供するものが商品だと認めちゃうと、幕府が「人間のクズのやる」商業をやったことになっちゃう。
その通り。
幕府全権の林復斎はあの林羅山の子孫だからね。朱子学の本家本元だ。
でも、この辺りで幕府がアメリカとの対等貿易を決断していれば、財政も立て直せて、アメリカとの友好関係も深まったに違いない。
そうなればライバル長州藩をアメリカ海軍に頼んで潰すことだってできただろうね。
でも、そうしなかった。

アメリカが求めたのはあくまで共存共栄の関係だったのに、幕府が頑《かたく》なに拒むもんだから、
業を煮やしたアメリカは乱暴なイギリスと組むようになったんだ。
じゃあ幕府は立て直しのチャンスを逃したってこと?
ロシアだって共存共栄を望んでいただろ。
その気になれば、幕府はアメリカとロシアを味方に、反幕勢力に対抗して大いに貿易に励むことも可能だった。
ほんとバカだな〜
その通り。
結局、ペリー来航から明治初年まで十五年、様々な国に不平等条約を押しつけられるという最も不利益な形で開国した。
本来ならこんなに長くかからなかったし、はるかに有利な条件で開国できただろう。
なぜそういうバカな結果に終わったのか?
それがこれからのメインテーマだ。
erchandise
goods

幕府が絶好のチャンスを逃したのも、すべて朱子学のせいですか…
本当に朱子学ってどうしようもないですね。
ふふふ…
あ、出た！その笑い！
確かに朱子学はとんでもない。
「亡国の哲学」と言っていいだろうね。結果、中国や朝鮮は近代化が徹底的に阻害された。
しかし日本はちょっと違う。
亡国の哲学ではあるが、役に立った部分もある。それを見に行こう。
ザァ…
伊豆　下田沖
実は今度も助演男優賞はペリーなんだよ。
ガチャ

ペリー艦隊旗艦
ポーハタン号
？
ペリーが難しそうな顔してますね。
日本人の青年二人が密航を求めてきたんだ。アメリカで学びたいとね。
受け入れるんですか？
去年、ペリーが最初に来た時なら喜んで受け入れただろうね。
初めての来航で西も東も分からない時だ。しかし今は違う。
日米和親条約が締結された直後で、まだ条約の細則は交渉中。
ここで密航という大罪を犯そうとしている日本人を受け入れたら、幕府側を刺激してしまう。

ガタン
彼ラヲ退艦サセヨ。
ここが歴史の分岐点！
おっ！

岸へ移動しよう。
はい！
？
さっき船から降ろされた若侍二人ですね。
黒船で密航？しかも失敗って…
ああっ！
そう、長州藩士吉田寅次郎、後の松陰。もう一人は友人の金子重《しげ》之輔《のすけ》。

もしペリーが彼らを受け入れていたら、日本の歴史は大きく変わっただろうな。
どうなりました?
この十年後、密航に成功した※新島襄《じょう》のようにアメリカ文化の伝達者となっていたかもしれない。
しかし、運命は吉田松陰をして明治維新の原動力に変えてしまった!
おおっ!

※新島襄：同志社の創設者、1864年に米国に密航。

エピソード2
明治維新の原動力となった
吉田松陰の朱子学思想
吉田松陰が、明治維新の原動力になったって、どういうことなんですか？
吉田松陰は知ってるよね。
もちろん。
幕末長州の尊王家で、松下村塾を開いて、高杉晋作・伊藤博文・久《く》坂《さか》玄《げん》瑞《ずい》ら多くの維新の志士を輩出した教育家ですよね。

でも過激に幕政批判をして、老中襲撃を計画したため、安政の大獄で刑死。
じゃあ、明治維新の目的は？
時代に合わなくなった古い徳川体制を、欧米列強からの外圧に負けない新しい近代国家に変えるってこと。
そのためには何をすればいい？
……
富国強兵…ですか？
富国強兵のために必要なことは？
ん〜〜〜？
近代国家のために必要な第一条件は、「国民がすべて平等」であることだ。
国民が平等だからこそ、いざとなれば誰でも、兵士として国のためにも戦えるし、生まれつきの才能を生かし…
どんな職業にも就けて、好きなように金儲けができる。
将軍を頂点としたピラミッド型身分社会じゃ、そんなことはできない。
身分の壁ですね。
でも、それは一度、織田信長が壊しましたよね。

そう。
信長が身分の壁を壊し、農民出身の秀吉が関白になった。
そして多くの若者が秀吉を羨《うらや》み、自分も秀吉のようになろうとした。
それには、出世のチャンスである戦争が続かなければならない。
つまり戦国時代が終わらなくなった。
で、徳川家康がそれを止めたってわけだ。
止める手段はもう一度身分の壁を築くこと。家康は自らを神に祀《まつ》り上げ、ピラミッド型身分社会を築き上げた。
そして、人間に身分差があることを前提にする哲学、朱子学を取り入れた。
いや宗教と言ってもいい。キリスト教やイスラム教が神の前の平等を説くのに対し、まったくの正反対だ。

下の道を行く人を見てごらん。
あのクリーニング店の店員は士農工商では「商」。
店の前を通るネクタイをした人は「士」かな。
大学の先生か公務員なら「士」だ。
もっとも、医者は百工巫医《ひゃくこうぶい》といって、「巫」つまり占い師と同列で「工」に入れられてしまう。
朱子学の世界では、百人いれば一番から百番まで身分差の順位がつけられ、同格ってことはない。
例えば旗本なら、石高は同じでも、どちらが先に旗本になったかで順位が決まる。
同時に旗本になった家でも、どちらが先に生まれたか。一分一秒でも先に生まれた方が「兄」になる。

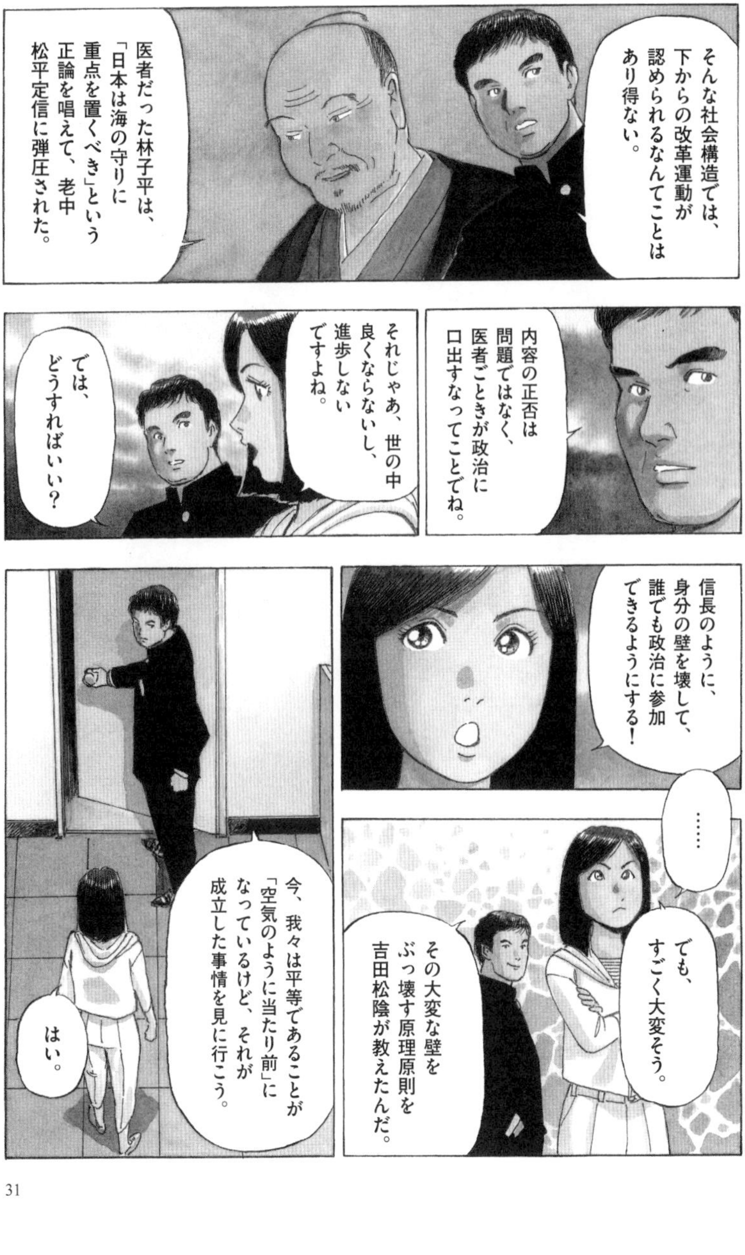
そんな社会構造では、下からの改革運動が認められるなんてことはあり得ない。
医者だった林子平は、「日本は海の守りに重点を置くべき」という正論を唱えて、老中松平定信に弾圧された。
内容の正否は問題ではなく、医者ごときが政治に口出すなってことでね。
それじゃあ、世の中良くならないし、進歩しないですよね。
では、どうすればいい？
信長のように、身分の壁を壊して、誰でも政治に参加できるようにする！
……
でも、すごく大変そう。
その大変な壁をぶっ壊す原理原則を吉田松陰が教えたんだ。
今、我々は平等であることが「空気のように当たり前」になっているけど、それが成立した事情を見に行こう。
はい。

1856(安政３)年　秋
長門国(長州)
萩城下　杉家
藩校明倫館　元学頭
山《やま》県《がた》太《たい》華《か》
明倫館　元教授
吉田松陰
松陰が密航に失敗してから二年後。
杉家で謹慎中の松陰を元上司の山県太華が訪ねてきた。

間もなく貴君の謹慎がとける。貴君を明倫館に復帰させたい。
だが一つ条件がある。
「天下は万民の天下なり」ですか？
左様。
それこそ朱子学の根幹。にもかかわらず貴君は「天下は一人の天下なり」と唱えている。
お言葉ながら、
唐土《とうど》(中国)には唐土、日本には日本の流儀がございます。
我が国は神の御子孫である天皇を戴《いただ》く唯一の国。天下はこの上《かみ》御《ご》一《いち》人《にん》のものでございます。
考えは変わっておらんか…やむを得ぬ。
明倫館復帰はあきらめてくれ。
※草莽崛起《そうもうくっき》…貴君の造語だったな。
はい、『孟子』から採りました。

※草莽崛起：志を持った在野の人々が身分を超え、国家を論じ変革に立ち上がること。

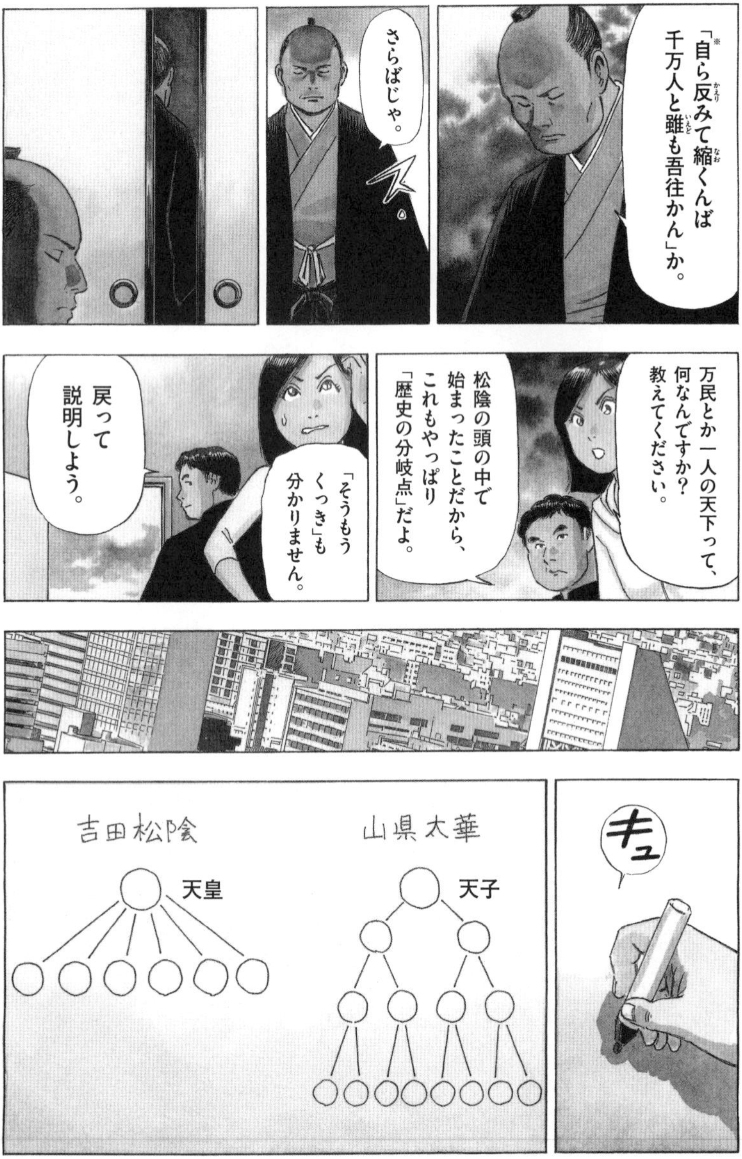

「※自ら反《かえり》みて縮《なお》くんば千万人と雖《いえど》も吾往かん」か。
さらばじゃ。
万民とか一人の天下って、何なんですか？教えてください。
松陰の頭の中で始まったことだから、これもやっぱり「歴史の分岐点」だよ。
「そうもうくっき」も分かりません。
戻って説明しよう。
キュ
吉田松陰
天皇
山県太華
天子

※「自分の信念が正しいと信じるなら、たとえ一千万人が相手でも私は戦う」という孟子の言葉。

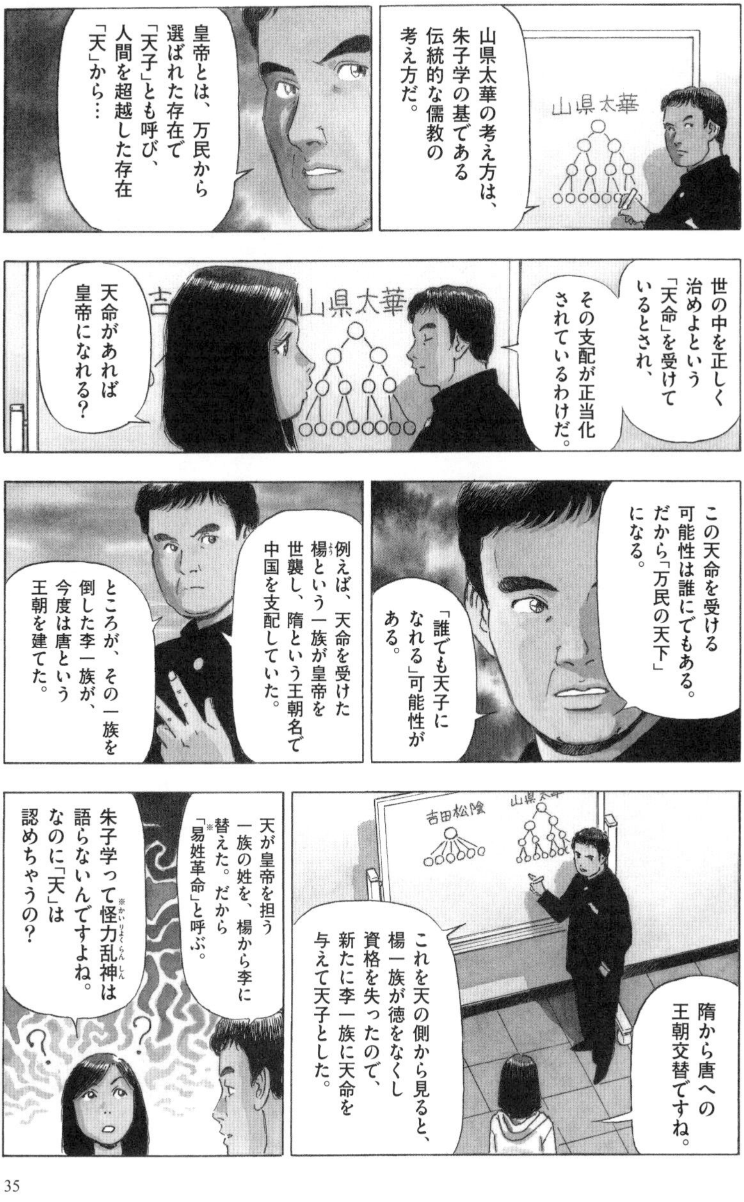

山県太華
山県太華の考え方は、朱子学の基である伝統的な儒教の考え方だ。
皇帝とは、万民から選ばれた存在で「天子」とも呼び、人間を超越した存在「天」から…
山県太華
世の中を正しく治めよという「天命」を受けているとされ、
その支配が正当化されているわけだ。
天命があれば皇帝になれる？
この天命を受ける可能性は誰にでもある。だから「万民の天下」になる。
「誰でも天子になれる」可能性がある。
例えば、天命を受けた楊《よう》という一族が皇帝を世襲し、隋という王朝名で中国を支配していた。
ところが、その一族を倒した李一族が、今度は唐という王朝を建てた。
吉田松陰
山県太華
隋から唐への王朝交替ですね。
これを天の側から見ると、楊一族が徳をなくし資格を失ったので、新たに李一族に天命を与えて天子とした。
天が皇帝を担う一族の姓を、楊から李に替えた。だから「※易姓革命」と呼ぶ。
朱子学って※怪力乱神《かいりょくらんしん》は語らないんですよね。なのに「天」は認めちゃうの？

※易は姓を「替える」こと、革は天命を「改める」こと。
※理性で説明のつかない怪しく不思議なことは、口にしないこと。『論語』が出典。

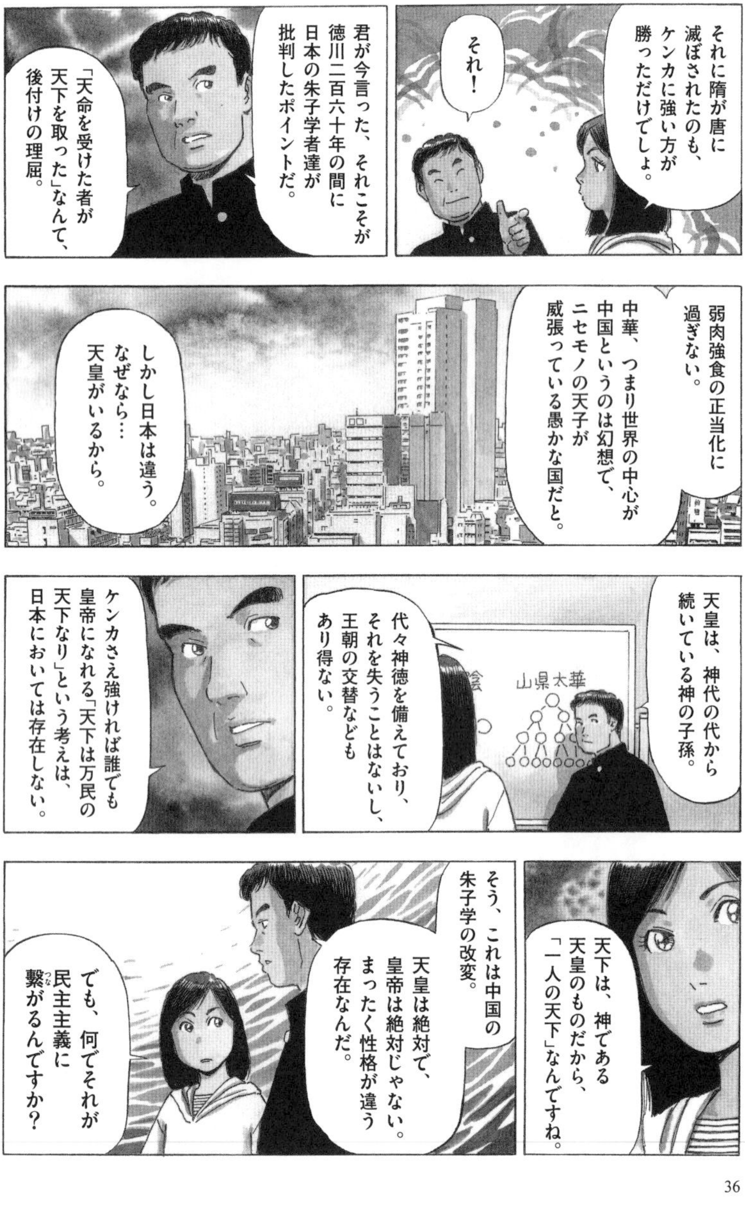
それに隋が唐に滅ぼされたのも、ケンカに強い方が勝っただけでしょ。
それ！
君が今言った、それこそが徳川二百六十年の間に日本の朱子学者達が批判したポイントだ。
「天命を受けた者が天下を取った」なんて、後付けの理屈。
弱肉強食の正当化に過ぎない。
中華、つまり世界の中心が中国というのは幻想で、ニセモノの天子が威張っている愚かな国だと。
しかし日本は違う。なぜなら…天皇がいるから。
天皇は、神代の代から続いている神の子孫。
代々神徳を備えており、それを失うことはないし、王朝の交替などもあり得ない。
山県太華
ケンカさえ強ければ誰でも皇帝になれる「天下は万民の天下なり」という考えは、日本においては存在しない。
天下は、神である天皇のものだから、「一人の天下」なんですね。
そう、これは中国の朱子学の改変。
天皇は絶対で、皇帝は絶対じゃない。まったく性格が違う存在なんだ。
でも、何でそれが民主主義に繋《つな》がるんですか？

天皇は身分の壁を破壊できる「爆弾」として使えるってことだよ。
えっ、どういうこと?
誰でも皇帝になれるということは、その時々の勝者が、常に自分を頂点としたピラミッド社会を作る。
つまり士農工商という大前提は変わらない。
ところが、神の子孫以外が天皇になれない日本では、その天皇の下では、関白・将軍であろうが、百姓であろうが、皆平等ということになる。
天皇一人にだけ権威があって、その他大勢は皆、同列ってことですか!
その通り。
「一君の下に万民が平等、身分の区別はない」ということ。
だから、そこらの草莽《そうもう》、つまり草むらに住んでいる無名の人間でも、天皇に尽くすために立ち上がる…
つまり崛起《くっき》すれば立派な勤王の志士であり、関白や将軍とも対等ということになる。
すごいことですね!
そう、すごいことだ。
民主主義は、どんな人間も平等という強固な信念が国民の間に育たないと絶対に成立しない。

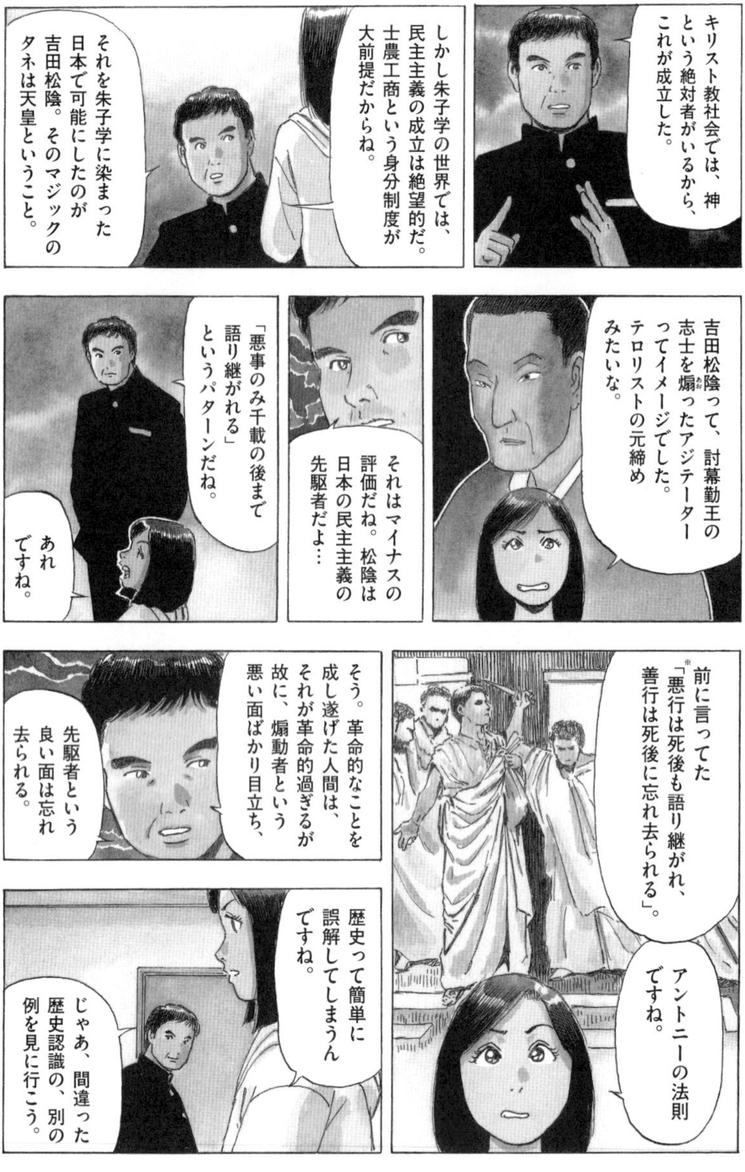
キリスト教社会では、神という絶対者がいるから、これが成立した。
しかし朱子学の世界では、民主主義の成立は絶望的だ。士農工商という身分制度が大前提だからね。
それを朱子学に染まった日本で可能にしたのが吉田松陰。そのマジックのタネは天皇ということ。
吉田松陰って、討幕勤王の志士を煽《あお》ったアジテーターってイメージでした。テロリストの元締めみたいな。
それはマイナスの評価だね。松陰は日本の民主主義の先駆者だよ…
「悪事のみ千載の後まで語り継がれる」というパターンだね。
あれですね。
前に言ってた※「悪行は死後も語り継がれ、善行は死後に忘れ去られる」。
アントニーの法則ですね。
そう。革命的なことを成し遂げた人間は、それが革命的過ぎるが故に、煽動者という悪い面ばかり目立ち、
先駆者という良い面は忘れ去られる。
歴史って簡単に誤解してしまうんですね。
じゃあ、間違った歴史認識の、別の例を見に行こう。

※シェイクスピア『ジュリアス・シーザー』の中のアントニーの台詞。

？
ここは、海の上？
戦艦の甲板上だよ。
1905（明治38）年12月21日
横須賀　聯合艦隊旗艦
「敷島」※艦上
聯合艦隊司令長官
東郷平八郎大将
参謀
秋山真《さね》之《ゆき》中佐

※この当時、日本海海戦時に旗艦だった「三笠」は事故で爆沈していた。

あ、あの人
見たことある。
日本海海戦において
ロシアのバルチック艦隊を
撃滅した聯合艦隊司令長官
東郷平八郎だ。
日露戦争が終わって
聯合艦隊解散
セレモニーで※式辞を
読み上げている。
名参謀で有名な
秋山真之中佐が
起草した式辞だ。
戦争が終わっても油断
するなという内容の格調
高い名文で、アメリカ
大統領が感心して
英訳させたほどだった。
だけど大きな
問題が一つある。
次のところだ。
昔者《せきしゃ》、神功皇后《じんぐうこうごう》三韓ヲ
征服シ給ヒシ以来、
韓国ハ四百余年間、
我ガ統理ノ下ニアリシモ、
一タビ海軍ノ廃頽《はいたい》スルヤ
忽《たちま》チ之ヲ失ヒ、
又近世ニ入リ、
徳川幕府治平ニ狃《な》レテ、
兵備ヲ懈《おこた》レバ、
挙国《きょこく》米艦数隻ノ応対《おうたい》ニ
苦シミ、露艦亦《また》千島
樺太ヲ覬覦《きゆ》スルモ、
之ト抗争スルコト
能《あた》ハザルニ至レリ。

※正式には「聯合艦隊解散之辞」

……？
難しすぎて分かりません。
昔、神功皇后が三韓を征服し給いし以来、韓国は四百余年間、我国の支配下にありしも、ひとたび海軍の衰えるや、忽ちこれを失い、また近世に入り、徳川幕府の太平に狎《な》れて、
兵備を怠るや、数隻の米艦の応対に国を挙げ苦しみ、また露艦が千島樺太を窺《うかが》うも、これと抗争することも不能に至った。
……
やっぱり分からない。
ガクッ
後半の部分は、江戸幕府が平和ボケで海防を怠ったために日本は大変なことになったと述べている。
それはいいんだけど、
前半の「神功皇后の三韓征伐」によって「朝鮮半島を四百年間支配していた」という部分が問題。
え!?
古代に日本が朝鮮を支配？ そんなことありましたっけ？
それに、じんぐうこうごう？

1945(昭和20)年8月15日、つまり日本が敗戦するまで、教育の現場ではそう教えられていた。
神功皇后は伝説的英雄。百済《くだら》・新羅《しらぎ》・高句麗《こうくり》の三国を、武力をもって征服し、日本の領土としたと『日本書紀』にある。
もちろん神話であって歴史的事実ではない。
それどころか、実際には7世紀の白村江《はくすきのえ》の戦《いくさ》で日本は、唐と連合した新羅に惨敗している。
なぜ事実と逆のことが歴史になっちゃうんですか?
突き詰めれば、吉田松陰が原因だね。
彼が天皇を絶対化したから。
「絶対」ということは、天皇家が関わった神話もすべて事実ということになる。
あの式辞を起草したのは海軍きっての頭脳と言われた秋山真之だ。
彼すら明治以降の教育で、事実じゃないことを信じ込まされていた。これも朱子学の影響だよ。

どうして？
その説明の前に、あのオッサンも見ておいた方がいいかな。
オッサン？
ゴリゴリの朱子学信者だよ。
1853(嘉永6)年　秋
江戸城内
老中首座
阿部正弘
海防参与
水戸斉昭《なりあき》
御老中に申し上げる。異国と条約を結んで開国するなど言語道断。
異人どもの上陸を許すだけでも※神州は穢《けが》される。
そもそも海外と交わりを断つは、東照神君家康公以来の祖法《そほう》ではないか。何が何でも守らねばならぬこと。

※神州《しんしゅう》：日本のこと。

まあまあ御老体。
気をお鎮めくだされ。それでは話になりませぬ。
それがそもそも間違いじゃ。
天皇を奉り、異人どもを討ち払う。尊王攘夷は絶対の掟。
話し合いなどで変えられるものではない！
攘夷に徹した清国はエゲレス艦隊に打ち敗れ、亡国の危機に陥りました。
日本もその二の舞いを踏んではなりません。
清国には大和魂がないからやられたのだ！我ら日《ひ》の本《もと》の武士は負けはせぬ！
あ〜〜〜、ダメだこりゃ。
ダメだね。

あの人、
国を閉ざすことが…
鎖国が家康公以来の
祖法だって。
歴史的事実と
違うし。
そう！
家康は実際、貿易を大々的に
やろうとして、イギリス人
ウイリアム・アダムスらを
貿易顧問にしていた。
にもかかわらず朱子学の
影響で、後世の人間は
まったく反対のことを
事実だと思い込んで
しまっている。
分かんないな…
なぜですか？
ん〜
朱子学では、
「商売は人間のクズの
やること」。そして
「先祖は神のように
敬うべきもの」だ。
この二つが
混じると…

「家康のような立派な御先祖様が、人間のクズのやるようなことを、するわけがない」。
という思い込みができ上がる。
なるほど。
思い込みって怖いな～
だから朱子学は、歴史事実を改ざんしちゃうんですね。
その通り。
宗教や思想には、こうした「暗黒面」があるんだよ。

エピソード3
徳川体制を揺るがす
「開国勅許」と「将軍継嗣」の大問題
詳しく日本史を学び始めたのは…
中学生の頃だったかな。
プッ
ジロッ
幕末の人間が、なぜ開国に反対したのか？
理由が全然分からなかった。

だって幕府を開いた徳川家康は、世界と大々的に貿易をしようとしていたんだからね。
家康が薩摩藩に琉球国を征服させたのも、中国との貿易を再開するためだった。
ところが、もう少し詳しく歴史を学ぶと、幕末の人間が「家康の歴史」を知らないことに気づいた。
それが先生の原点なんですね？
そう、幕末史に関してはそれが原点だ。
おかしいじゃないか。
神君家康公と賞賛された人間のやりたかったことが、なぜ子孫達からは無視されているのか。
そのうち、もっととんでもないことに気づいた。
何ですか？
日本の歴史学者が、幕末の歴史は「日本版朱子学」が動かしていたという基本的な事実を認識していないことだ。

えーっ！
それって専門家が、
専門を理解していない
ってこと？
言葉を飾らずに
言えばそうなる。
この教科書を
見てごらん。
高校の日本史教科書
としては最も
レベルが高いけど、
幕府が開国を
渋った理由に
ついては、
「※オランダ国王が
幕府に親書を送り
開国を勧告しても、
世界情勢の認識にとぼしい
幕府はこれを拒絶し、
あくまでも鎖国体制を
守ろうとした。」
としか
書いてない。
しかし実際には
オランダ国王の
勧告を断わったのは
「祖法は変えられない」
というのが理由だ。
祖法…先祖代々の
ルールでしたよね。
にもかかわらず、
こんな書き方しか
できないのはなぜか？
そもそも朱子学が
幕末の歴史を
動かしていたことを
分かってないから？
そう。
この教科書にも、朱子学の
ことは確かに載ってはいるが、
「寛永期の文化」の項に
書かれているのは、

※『詳説日本史 改訂版』（山川出版社刊）。

「朱子学は君臣・父子の別をわきまえ、上下の秩序を重んじる学問であったため、幕府や藩に受け入れられた。」とあるだけだ。
朱子学を奨励したのは家康であり、その目的は明智光秀のような主君を殺す不忠の臣を二度と出さないためだったことが認識されていない。
それが江戸時代全体にどんな強い影響を与えたかも理解されていない。
こんな教科書を読んでも、日本の歴史なんて理解できるわけがない。
知っているつもりになるだけだ。
確かに、
先生と一緒に、戦国・江戸時代の歴史の流れを見てきて、日本史における朱子学の本質が深く理解できました。
よし！
じゃあ、次は開国勅許《ちょっきょ》の問題に行こうか。

ちょっきょ?
そう、天皇の許可とか命令のこと。
具体的には、当時の孝明天皇が、日本を開国する許可を与えることだ。
実は孝明天皇は開国に大反対だった。
それも朱子学ですか。
半分はそう。やはり鎖国を祖法と思っていた。
ただし残り半分は天皇家の宗教、いや日本人の宗教とも言うべき神道の問題だ。
ちょっと見に行こうか。
京都　御所

公家の酒盛りですか。
これがペルリか。まさに禽獣《きんじゅう》そのものじゃな。
孝明天皇
まさしく！きゃつらは獣肉を食らい、その血を飲むとか。
穢《けが》らわしや！異人というよりまさにケダモノ。

一刻も早く、
きゃつらをこの国から
一掃せねば。
麿《まろ》は幕府の口車に乗り、
和親条約なるものを
認めてしまった。
皇祖皇宗《こうそこうそう》に
申し訳が立たぬ。
こうそこうそう？
天皇の
先祖だよ。
いえ、
それはお上のせいでは
ございませぬ。
補佐すべき者の配慮が
足りなかったゆえ。
おっ、
それは関白殿の
ことかな。
関白って？
※太閤鷹司政通《たかつかさまさみち》、
開国派で幕府に
協力した。
滅相もない
ことでござり
まする。
いや、よい。
どうも太閤は
幕府と
懇《ねんご》ろ過ぎる。

※太閤《たいこう》：関白を辞した者の称号。

これからは卿《けい》らが頼みじゃ。
ははぁ!
よいか!幕府が何と言ってこようと、通商条約締結など絶対に許さぬ。
攘夷あるのみぞ!
おーっ
日本の神道には、「血」や「死」のケガレを「悪」と捉え、それがあらゆる不幸を招くという絶対的な信仰がある。
このケガレ信仰も日本の歴史学者は無視している。
しかし特に古代史は、これが分かっていないと理解できない。

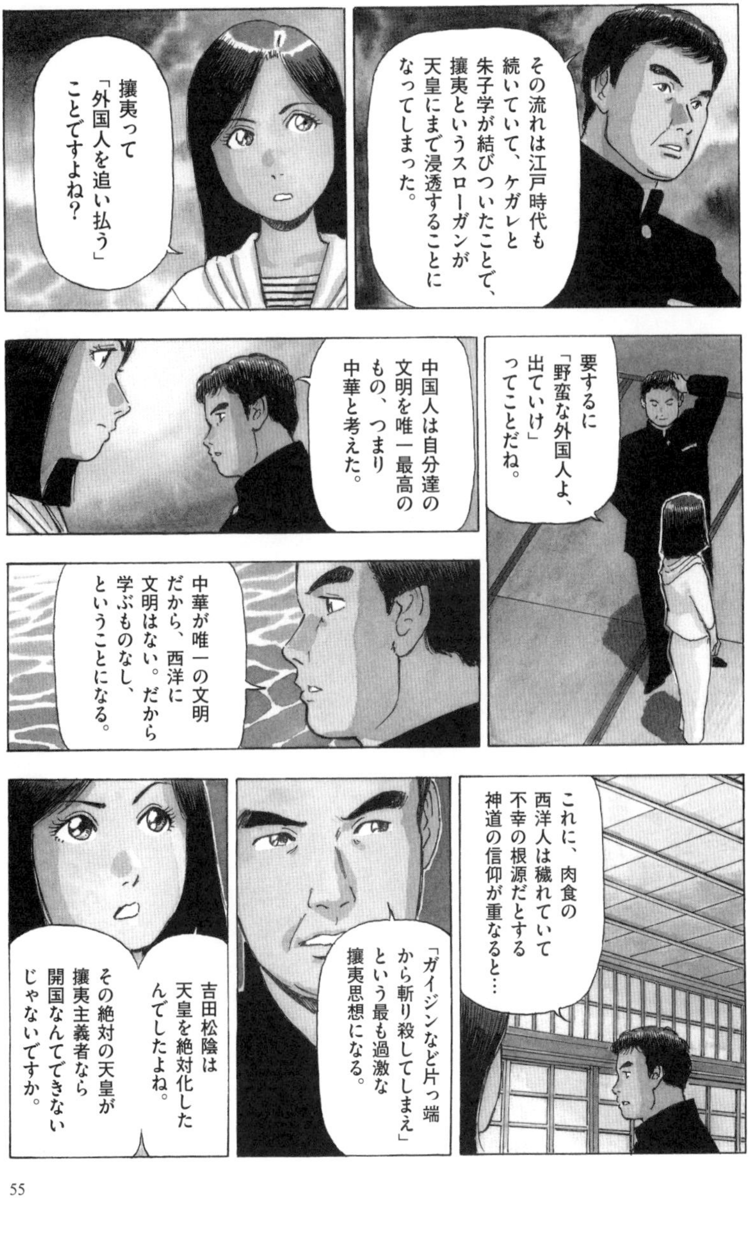
その流れは江戸時代も続いていて、ケガレと朱子学が結びついたことで、攘夷というスローガンが天皇にまで浸透することになってしまった。
攘夷って「外国人を追い払う」ことですよね？
要するに「野蛮な外国人よ、出ていけ」ってことだね。
中国人は自分達の文明を唯一最高のもの、つまり中華と考えた。
中華が唯一の文明だから、西洋に文明はない。だから学ぶものなし、ということになる。
これに、肉食の西洋人は穢れていて不幸の根源だとする神道の信仰が重なると…
「ガイジンなど片っ端から斬り殺してしまえ」という最も過激な攘夷思想になる。
吉田松陰は天皇を絶対化したんでしたよね。
その絶対の天皇が攘夷主義者なら開国なんてできないじゃないですか。

だが幕府は、清国がアヘン戦争で徹底的に痛めつけられ、領土まで奪われたことを知っている。
だから何とかして開国しようと考えていた。そこへ浮上してきたのが将軍継嗣《けいし》問題だ。
けいし問題？
次の将軍を誰にするかってこと。ちょっと研究所に戻ろう。
キュ
キュ
？
系図ですか？

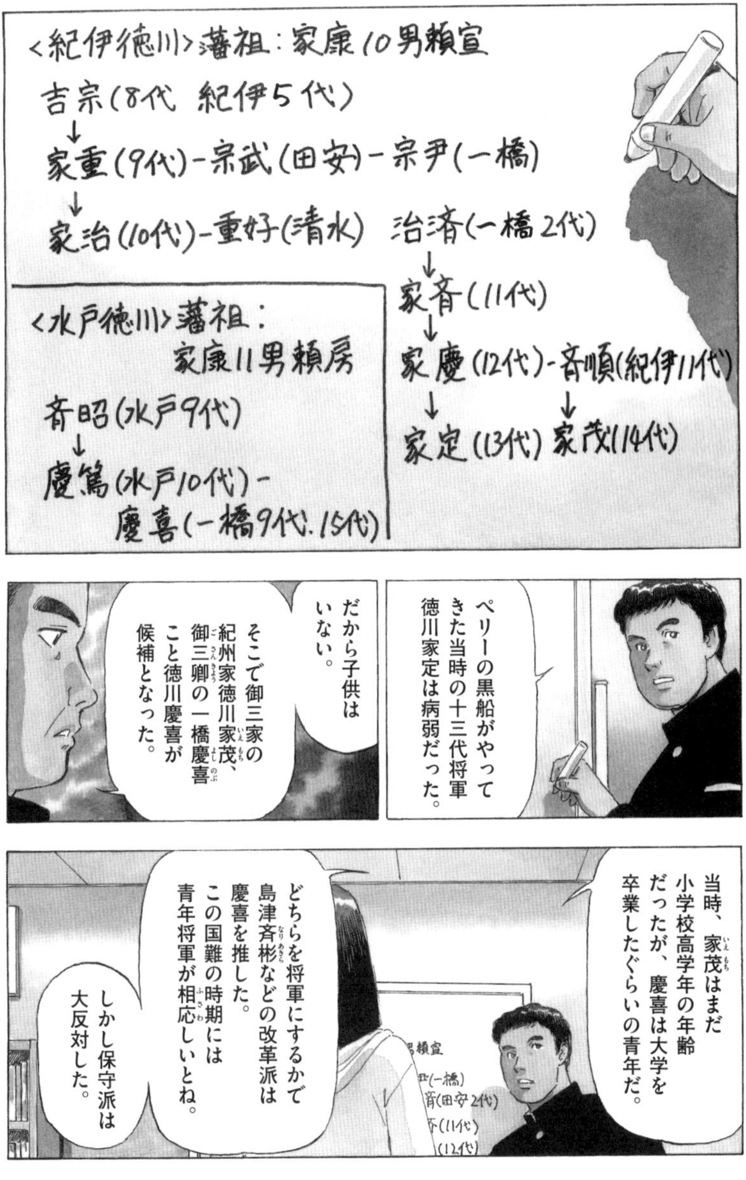

<紀伊徳川>藩祖：家康10男頼宣
吉宗（8代 紀伊5代）
↓
家重（9代）－宗武（田安）－宗尹（一橋）
↓
家治（10代）－重好（清水） 治済（一橋2代）
↓
家斉（11代）
↓
家慶（12代）－斉順（紀伊11代）
↓ ↓
家定（13代） 家茂（14代）
<水戸徳川>藩祖：家康11男頼房
斉昭（水戸9代）
↓
慶篤（水戸10代）－慶喜（一橋9代．15代）
ペリーの黒船がやってきた当時の十三代将軍徳川家定は病弱だった。
だから子供はいない。
そこで御三家の紀州家徳川家茂《いえもち》、御三卿《ごさんきょう》の一橋慶喜《よしのぶ》こと徳川慶喜が候補となった。
当時、家茂《いえもち》はまだ小学校高学年の年齢だったが、慶喜は大学を卒業したぐらいの青年だ。
どちらを将軍にするかで島津斉彬《なりあきら》などの改革派は慶喜を推した。この国難の時期には青年将軍が相応《ふさわ》しいとね。
しかし保守派は大反対した。

大反対？
なぜですか？小学生じゃ何もできないでしょう？
ふふふ。
また意味ありげな笑い。
現場を見に行こう。
江戸城
将軍
徳川家定
何だか具合悪そう。
病の身をおして出てきたところだよ。
彦根藩主
井《い》伊《い》直《なお》弼《すけ》

もはや、そちに頼むしかない。大老になってくれ。
頼む。
もったいない。おやめくだされ。大老就任の件、お受けいたします。
なってくれるか、ありがたい。これで安心して死ねる。
何を仰せられる。お気の弱いことを。
とにかく、そちの存念を聞かせてくれ。
余が何のためにそちを大老にするか、分かっておろうな。
まずは恐れながら、上様のお世継ぎの件でございますが、紀州家の※慶福様こそ相応《ふさわ》しいと考えております。
そもそも将軍の座は、東照大権現様の御血筋に最もお近い方が就くのが御祖法《そほう》。
国難などと申し立て、血筋の遠い慶喜殿を立てようなど、言語道断。徳川御本家に対し大不忠。
ご安心くだされ。命に代えても、紀州様に次期将軍になって頂く所存にございます。

※慶福《よしとみ》：家茂の幼名。

うむ、よくぞ申した。
それでこそ徳川譜代の名門井伊家の当主じゃ。必ずそうせよ。しかと申しつけたぞ。
畏《かしこ》まりました。
分かった？
これも朱子学だったんだ。
そう、常識的に考えて、不合理なことが正しいとされる時は、宗教がらみのことが多い。
これも歴史の真相を見るコツの一つだ。
結局、将軍も大老も朱子学の権化だったんですね。
ところがそうでもない。そこが歴史の面白いところだよ。
さて、今一つの難問は、どうする？
メリケン国との通商条約締結のことでございますな。
帝《みかど》のお許しは賜れなかったようじゃが…

老中堀田正睦《まさよし》が上洛し、孝明天皇の勅許を求めたが失敗に終わったんだ。
あっ、そうか。
帝は、通商どころか、そもそも和親条約すら間違いで、一刻も早く攘夷を断行し、
異人どもを一人残らず神州から叩き出せ、と仰せられたようでございます。
申し訳ございませぬ。我らが不手際にて、かような事態に。
京へ行ったのはそちではない。
それよりこれからどうする？
こともあろうに御公儀が通商ごときに手を染めるなど、本来あってはならぬことでございます。
されど残念ながら、このまま攘夷を貫き通せば、日本が清国の二の舞いとなるは必定。
ここは耐えがたきを耐え、メリケンとの条約締結に踏み切るもやむなしと考えます。
勅許を得ずにか。

得るべく尽力すべきとは存じますが、やむを得ぬ時はしかるべく。
それでよい。
徳川家は征夷大将軍。何よりもこの国の安寧《あんねい》を守るのが務めじゃ。それでよい、それでよい。
ははっ！
どう感想は？
何か変な気分。
確かに将軍も大老も頭が固いけど、少なくともアメリカへの対応だけは現実的でまともだと思います。
その通り。君の見方は正しい。
でもドラマのイメージだと、井伊直弼って極悪人って感じなんですけど。間違ってるかな？
半分は正しい。
それが人間の、そして歴史の面白いところだ。少し時間を進めよう。

？
ここは？
同じ江戸城内、将軍の寝所だ。
御臨終でございます。
将軍徳川家定が息を引き取ったところだ。
え？
いや、まだ御《ご》薨去《こうきょ》ではない。
されど、もはやお脈が…

飲み込みが悪いのう。
上様はまだ亡くなってはおられぬ。亡くなられるのは明日じゃ。
はっ!
では、御台《みだい》様にもお伝えせずに?
御台様って、将軍の正夫人?
そ、篤姫《あつひめ》のことだ。
つまり、亡くなったのに誰にも知らせないってこと?
明日まで誰も近づけるな。
よいな!しかと申し付けたぞ!
え——っ、どうする気?
これから御用部屋に行く。
まあ見ててごらん。

上様の御命令じゃ。
！
はっ！
沙汰書の内容を申す。とりあえず三通じゃ。
ははっ。
尾張藩主徳川慶勝《よしかつ》、一橋家当主徳川慶喜、福井藩主松平慶永《よしなが》！
右の者ども、不届きの段これあり。隠居の上、「慎《つつし》み」を申し付けるものなり。
慎み？
謹慎、要は自宅軟禁ってこと。
御三家、御三卿の方々を隠居させるのでございますか？

上様の御命令であるぞ!
何か異存でもあるのか!?
いえ、滅相もございませぬ。
そうだ。あの水戸のジジイも始末せねばならん。
水戸藩隠居徳川斉昭《なりあき》、不届きにつき「慎み」じゃ。書き終えたら直ちに使者を立てよ。
畏まりました!
ついに始まってしまった!歴史の「大」分岐点だ!
え?何が?
悪名高い「安政の大獄」だよ。

逆説コラム 1 分かりにくい幕末の歴史は、どうすれば理解できるか？

幕末の歴史は他の時代に比べて極めて分かりにくい、という話をよく耳にする。実際、その通りだ。ではそれはなぜなのか、私はその原因を3つに絞ってみた。

①幕末の日本人は朱子学に極めて大きな影響を受けているのに、通常の歴史書ではそれを理解していないこと。

②最後の勝者となった長州人が、まさに「勝てば官軍」で歴史を自分たちに都合の良いように歪曲《わいきょく》したこと。

③佐幕（親幕府派）の孝明天皇の急死後、情勢が百八十度変わったこと。

説明しよう。江戸時代はあらゆる日本人の心を朱子学という「宗教」が支配した時代であった。これがいかに強い影響を与えたかは「江戸大改革編」で詳細に述べたところだが、未読の読者もいると思うので、簡単にポイントを述べよう。

徳川家康は明智光秀（信長殺し）あるいは豊臣秀吉（織田家の天下乗っ取り）に象徴される、「恩知らずの不忠者」を根絶するために、「忠孝」を最も重要視する儒教の一派、朱子学を武士の公式の学問とした。各大名もこれにならい、江戸中期になると、武士だけではなく、学者など知識階級でも朱子学が常識となった。

だが朱子学はもともと中国のものであるため、それまで日本になかった「偏見」が武士階級に伝染してしまった。それは「商売は人間のクズがやる賤業《せんぎょう》」という激しい差別である。朱子学がそう考える理由については「江戸大改革編」を見ていただきたい。

重要なのは、この結果、欧米列強が貿易という「商売」に力を注ぎ大国となっていったのに、日本だけがこの貿易立国という路線を「悪」とみなし、頑《かたく》なに染まることを拒否したことだ。このため開国を唱える論者は悪人ということになり、その正反対の攘夷（外国排除）が絶対の正義とされた。だから幕府は当初開国を拒絶したし、長州も攘夷こそ正義という態度を貫いていた。

朱子学のもう一つの重大な影響は、日本の神道と合体することによって、「真に忠義を尽くすべきは徳川家ではなく天皇家である」という「信仰」が、あらゆる武士の心を支配したことである。一昔前、幕末は「勤皇か佐幕か」つまり「親天皇派か親幕府派か」の対立と言われたが、実は「佐幕」であっても天皇が最高の主君であることには異論がない。ただ幕府を倒して天皇家の政府にすべきだという「勤皇」に対して、天皇家が幕府に政治を委任することによって日本は安泰だったのだから幕府を維持すべきだというのが「佐幕」で、違いはそこだけだ。

当時の孝明天皇は神道的な理由もあって攘夷が正しいと信じていた。だから幕府が現実を見て開国に転じたのが不満だった。

そこにつけ込もうとしたのが長州である。「天皇の御意向に逆らう幕府は悪だ、倒すべきだ」という形で討幕を実現しようとしたのだが、肝心の孝明天皇は、開国は嫌だが幕府を倒すつもりは毛頭なかった。「佐幕」だったのだ。だから長州が自分を担ぎあげて討幕を策していることに激怒し、御所から追放した（「八月十八日の政変」）。

しかし、長州はまったく懲りない。「天皇は悪い側近に操られている」「その悪人どもを討てば天皇は長州を支持する」と、昭和の二・二六事件の青年将校のように思い込み、兵を挙げて御所を攻めた。「禁門の変」（蛤御門《はまぐりごもん》の変）である。

実は、この戦いを「変」と呼ぶのは変なのだ。この時点で長州は天皇の意思に逆らっていたのだから「朝敵（天皇家の敵＝絶対悪）」であり、天皇への反乱なのだから「長州の乱」とすべきなのである。

孝明天皇は長州を許さず幕府の「長州征伐」も許可した。それに参加した薩摩の西郷隆盛も一時長州を滅ぼそうと考えていた。それが歴史上の真実である。

ちなみに「倒幕」と「討幕」という同音の言葉も、意味はまったく違う。つまり「同音異義語」であることに注意すべきだ。「倒幕」とは単純に「幕府を倒すこと」、すなわちテロリストが政府を潰そうとするのと同じで、大義名分も正義もない。しかし「討幕」となれば「天皇の命令で幕府を討つ」ことになるから、これは「絶対の正義」になる。関ヶ原の恨みもあり「倒幕」を狙っていた長州は、孝明天皇を利用して「討幕」を実現しようとした。

しかし、その陰謀に怒った孝明天皇は、逆に「長州征伐」を幕府に許可した。「討幕」どころか「討長」が実現してしまったのだ。実にマヌケな話だ。いわゆる薩長同盟の盟約もよく読んでみると「長州の朝敵の汚名をそぐために薩摩は努力する」という内容なのだが、孝明天皇の長州への憎しみは深く、その治世が続いていれば名誉回復は不可能だったろう。ところが、孝明天皇が長州にとって「幸運にも」急死し、跡を継いだ明治天皇の母の実家がバリバリの長州支持派であったために、情勢は完全に逆転した。孝明天皇が最大の忠臣として評価していた会津藩の松平容保《かたもり》も、最後の将軍徳川慶喜《よしのぶ》も、一転して「朝敵」にされてしまい、「討幕」が実現することになった。

マヌケな話と言えばもう一つある。長州は火縄銃と青銅製の大砲で欧米列強に勝てると思い込んでいた。だが、馬関戦争で欧米列強と戦い大敗北を喫し、攘夷の不可能を悟り、開国路線へ転じた。それでようやく最後の勝者となることができたのである。

最後の勝者となった長州は明治政府の立役者となった。それ故、本来「長州の乱」と呼ぶべきものが「禁門の変」になり、攘夷は幕府を倒すための口実で、最初から開国を正しいと思っていたのだ、ということになったのである。長州が一時は「朝敵」だったこと、そして本気で攘夷可能と思い込み、開国を進めようとしていた高杉晋作の命を狙ったことなどは、マヌケの極致であり大恥であるので隠蔽《いんぺい》せねばならない。だから長州人は「乱」を「変」に変えさせ、「長州征伐」も「四境戦争」などと呼ばせ、歴史を歪曲した。この時代が分かりにくい最大の原因はここにある。なお長州人の歴史歪曲は「関ヶ原の戦い」にも及んでいる。このあたり詳しくは「戦国英傑編」のエピソード6を見ていただきたい。

情けないことに、旧帝国大学を中心とした学問の世界もそれに迎合した。いや今も迎合している。かなり最近まで、日本の歴史学界では後鳥羽上皇が鎌倉幕府に仕掛けた戦争を「承久の変」と呼んでいた。「上皇が臣下である武士に反乱を起こすのはおかしい」という皇国史観の名残があったからだ。しかし、たとえ上皇であっても時の政府を倒そうとしたのだから、やはり「承久の乱」と呼ぶべきだということになった。しかし、それなら「蛤御門の変」も「長州の乱」と呼ぶべきだろう。

つまり、幕末史を理解するコツは、歴史歪曲に惑わされずに「長州の動きを客観的に見る」ことだ。そうすれば221ページに引用した司馬遼太郎の「パチンコ玉（＝長州）」を評した言葉も、歴史を深く洞察した名言であることが真に理解できるだろう。

逆説コラム 2 日本近代化の扉を開いた長州藩士長井雅楽の悲劇

幕末の長州人は総じてマヌケだった。吉田松陰、木戸孝允（桂小五郎）、高杉晋作あたりは別格としても、大方の長州人は青銅製の大砲と火縄銃と「大和魂」で欧米列強に勝てると信じていたのである。しかしコラム1に書いたように、「幸運にも」孝明天皇が急死したため最終的な勝者となり、「勝てば官軍」とばかりに自分たちのマヌケさ加減を隠すため、歴史を歪曲《わいきょく》した。当然、その陰には歴史被害者とも呼ぶべき人物がいる。

長州藩士長井雅楽《うた》（諱《いみな》は時庸《ときつね》　1819～1863年）である。長井は、現状の武力で欧米列強と対抗することは不可能だと断じ、鎖国政策は祖法《そほう》（先祖伝来の厳守すべきルール）ではなく、徳川幕府の政策に過ぎないことを明らかにし、むしろ開国し、通商を盛んにし、国力を高め、世界に覇を唱える国家を目指すべきだと主張した。その主張は「航海遠略策」と名付けられ、一時は「国論」にまでなった。孝明天皇が大いに喜び、賛同したからである。

政治の要諦《ようてい》に「説得」がある。意見の異なる者、誤った意見を持つ者の考えを変えさせることである。これは一種の技術でもあるが、長井は、攘夷に凝り固まった孝明天皇に開国が正しいと確信させたのだから、その手腕は大したもので、日本近代化の扉を開いたといっても過言ではない。この時代は、天皇がその気にならなければ国家は前に進めないからだ。

ところが、それを絶対阻止しなければならないと画策する連中がいた。「大方の長州人」である。なぜなら、長井の方法では、改革の主体が幕府になり倒幕が果たせなくなるからで、結局、長井は「天皇に不敬行為があった」という罪で最終的に切腹を命じられた。

その罪状だが、いくら調べても判然としない。長井自身は死の直前に親友の高杉小忠太（晋作の父）に出した手紙の中で、「ぬれ衣《ぎぬ》のかかるうき身は数ならで唯《ただ》思はるる国の行く末」という辞世を詠んでいるから、「ぬれ衣（無実の罪）」だったのだろう。

それでも、その後、孝明政権が続けば、長井の功績は伝えられただろうが、そうならなかったのはご存じの通りである。

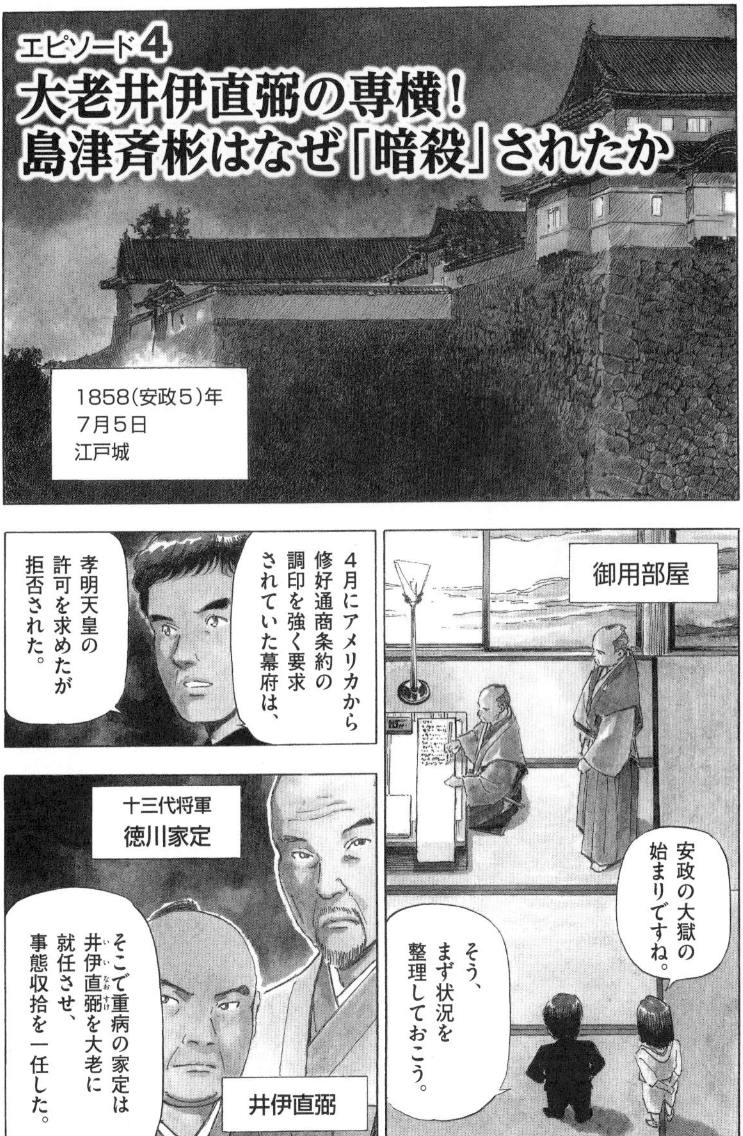
エピソード4
大老井伊直弼の専横！
島津斉彬はなぜ「暗殺」されたか
1858(安政5)年
7月5日
江戸城
御用部屋
安政の大獄の始まりですね。
そう、まず状況を整理しておこう。
4月にアメリカから修好通商条約の調印を強く要求されていた幕府は、
孝明天皇の許可を求めたが拒否された。
十三代将軍
徳川家定
そこで重病の家定は井伊《いい》直弼《なおすけ》を大老に就任させ、事態収拾を一任した。
井伊直弼

井伊大老は6月19日、勅許《ちょっきょ》を得ずに条約に調印。将軍継嗣問題でも紀州家の慶福《よしとみ》(家茂)を十四代将軍に決めた。
やはり血統が一番大切だからですね。
その通り。
しかし一橋慶喜を推す人々は一斉に反発。徳川斉昭《なりあき》、徳川慶勝《よしかつ》、松平慶永《よしなが》らが「不時登城」を決行。
井伊の「勅許なき調印」を難詰した。
つまり吊るし上げようとしたんですね。
不時登城って何ですか？
大名だけでも二百数十人いる。一斉に登城するのは特別な儀式の時だけ。通常は、混乱を避けて、家格により登城してよい日が決められていた。
反大老派はそのルールを破って詰問のため登城したが、大老もさるもの。待ちぼうけを食わせ、弁当も出さずに上手く追い返した。

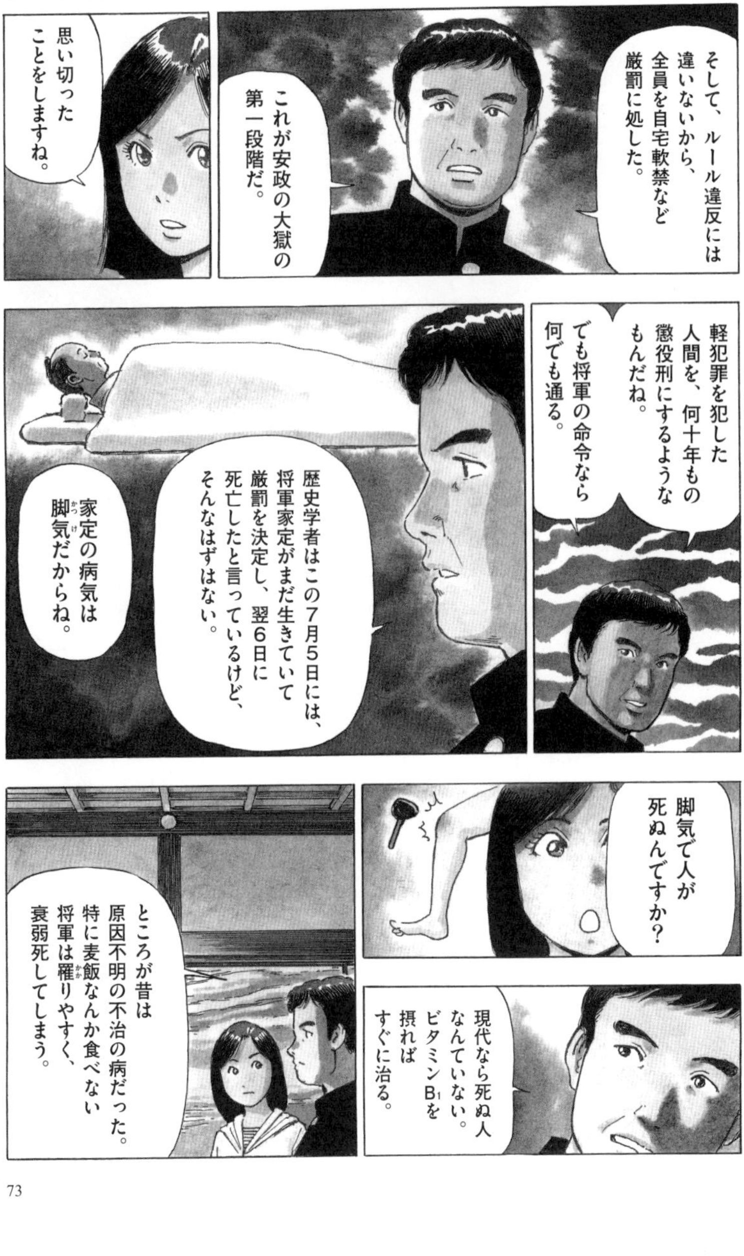
そして、ルール違反には違いないから、全員を自宅軟禁など厳罰に処した。
これが安政の大獄の第一段階だ。
思い切ったことをしますね。
軽犯罪を犯した人間を、何十年もの懲役刑にするようなもんだね。
でも将軍の命令なら何でも通る。
歴史学者はこの7月5日には、将軍家定がまだ生きていて厳罰を決定し、翌6日に死亡したと言っているけど、そんなはずはない。
家定の病気は脚気《かっけ》だからね。
脚気で人が死ぬんですか？
現代なら死ぬ人なんていない。ビタミンB_1を摂ればすぐに治る。
ところが昔は原因不明の不治の病だった。特に麦飯なんか食べない将軍は罹《かか》りやすく、衰弱死してしまう。

衰弱死直前の重病人に、そんな重要な決定ができると思う？
そうか。反対派が田沼意次を失脚させた時みたいに、将軍の死を利用したんですね。
ただ、一橋治済《はるさだ》が十代将軍家治の死を隠し、田沼意次を失脚させた時と違って、井伊に良心の呵責はなかったろうね。
自分は上様のご遺志を遂行しているだけだ、と。井伊はこの後、正式に慶福を十四代将軍に就任させている。改名して徳川家茂《いえもち》。
後に皇女和宮《かずのみや》のダンナになる人だ。
井伊の目論見《もくろみ》大成功か～
でも反対派はそれで納得したんですか？
いい質問だね。実は井伊は幸運にも恵まれていた。
ちょっと薩摩に移動しよう。時間は飛ばない。今日この瞬間の薩摩だ。
カッ
1858(安政５)年
鹿児島城下

放て！

ダ
ダ
ダ
ダ
ダ
ダ

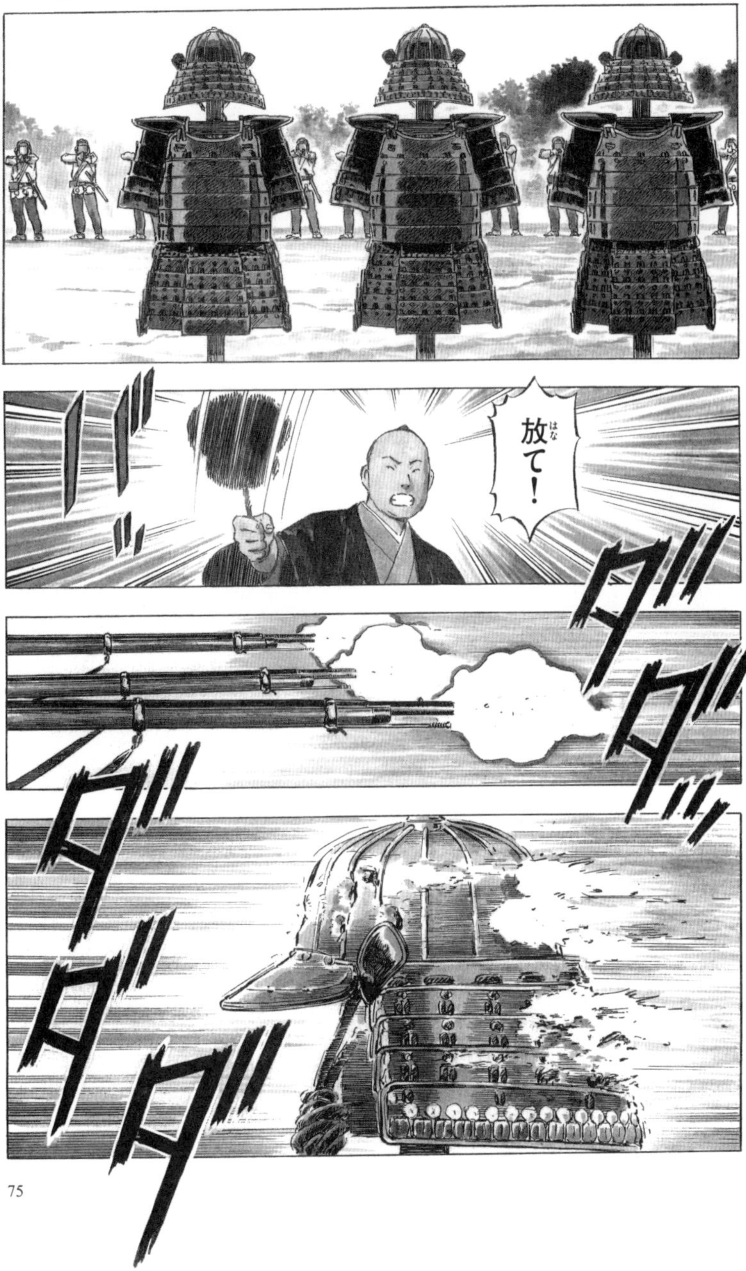

薩摩藩主
島津斉彬《なりあきら》
鎧兜の時代は終わったな。こんなものを着けていては戦《いくさ》にならん。
仰せの通りにございます。
ようやった。本日はこれで打ち止めと致そう。
明日は休め！9日には京へ向けて出発じゃ。
西郷も首を長くして待っていることでございましょう。
そうだな。楽しみじゃ。
あれは島津斉彬ですよね。
そう、彼は江戸時代の約二百六十年間、誰も発想できなかったことを実行しようとしている。
えっ、どんなことですか？

外様大名の身でありながら鉄砲隊を率いて上洛し、その後、江戸に入って幕府を改革するつもりなんだ。
そのための根回しに、最も有能な家臣西郷隆盛を京へ派遣している。
雄藩連合を目論む一橋派の島津斉彬は、大老井伊による斉昭らへの処断に反発し、藩兵四千を率いて上洛。朝廷守護の上、幕府の違勅《いちょく》を糺《ただ》し、
一橋派の復権を指示する勅諚《ちょくじょう》をもって、井伊専横の幕府と対峙することを計画した。
じゃ、ここも歴史の分岐点なんですね。
残念ながら違う。彼は出発直前、突然発病し、一週間ほど寝込んだ後、急死した。
え!?
当然、上洛計画は中止となった。

何の病気ですか？
「コレラ」などと言う人もいるが、伝染病なら巷《ちまた》で流行しているはず。殿様一人だけ突然死ぬなんてあり得ない。
じゃ…まさか。
……
君の頭にある考えは多分正しい。
ちょっと君に見せたいシーンがある。
今度はどこへ？
斉彬の死後、四十九日。鹿児島城下、島津家別邸の仙《せん》巌《がん》園《えん》だ。
東屋《あずまや》ですね。

さあ、もっと飲め。
薩摩藩 先代藩主
島津斉興《なりおき》
父上、まだ日も高うございますし、今日《たこ》は兄上の四十九日…
島津久光
(斉興の五男)
だから、めでたい。あの馬鹿が死んだおかげで助かったではないか。
きゃつが鉄砲隊など率いて京に向かえば、我が家《いえ》は反逆の汚名を着せられ、取り潰されるところであったわ。
井伊大老は御三家、御三卿すら、些細な落ち度で閉門にしたのだぞ。
それは存じておりますが…
斉彬の馬鹿め。せっかく、わしが財政を立て直したのに、カネを湯水のように使いおって。
それは、この日《ひ》の本《もと》を守ろうという大義からでは…

たわけたことを申すな、三郎。やれ新式銃じゃ、大砲じゃと、くだらぬものにカネを使うことが何の役に立つ。
あの馬鹿が造ったライフルとか申す新式銃、一つ残らずドブに捨ててやったわ。いい気味よ。
そ、それはよろしゅうございました。
三郎って？
久光の通称だよ。
ひどーい。あのライフル、ほんとにドブに捨てられちゃったんですか？
それは比喩で、実際には海に捨てたか、炉で溶かしたか。いずれにせよ廃棄処分になったことは事実だ。
で、でも、あれはこれからの日本に絶対必要な武器ですよね。いくら斉彬が憎くても…
それができないのが「朱子学中毒患者」、いや「朱子学バカ」と呼んだ方が適切かな。
朱子学という「宗教」に骨の髄まで冒されて、正常な判断ができなくなった人物だ。
田沼意次が造ったという当時の日本経済に必要だった南鐐《なんりょう》二朱銀を廃止しちゃった松平定信と同じだよ。

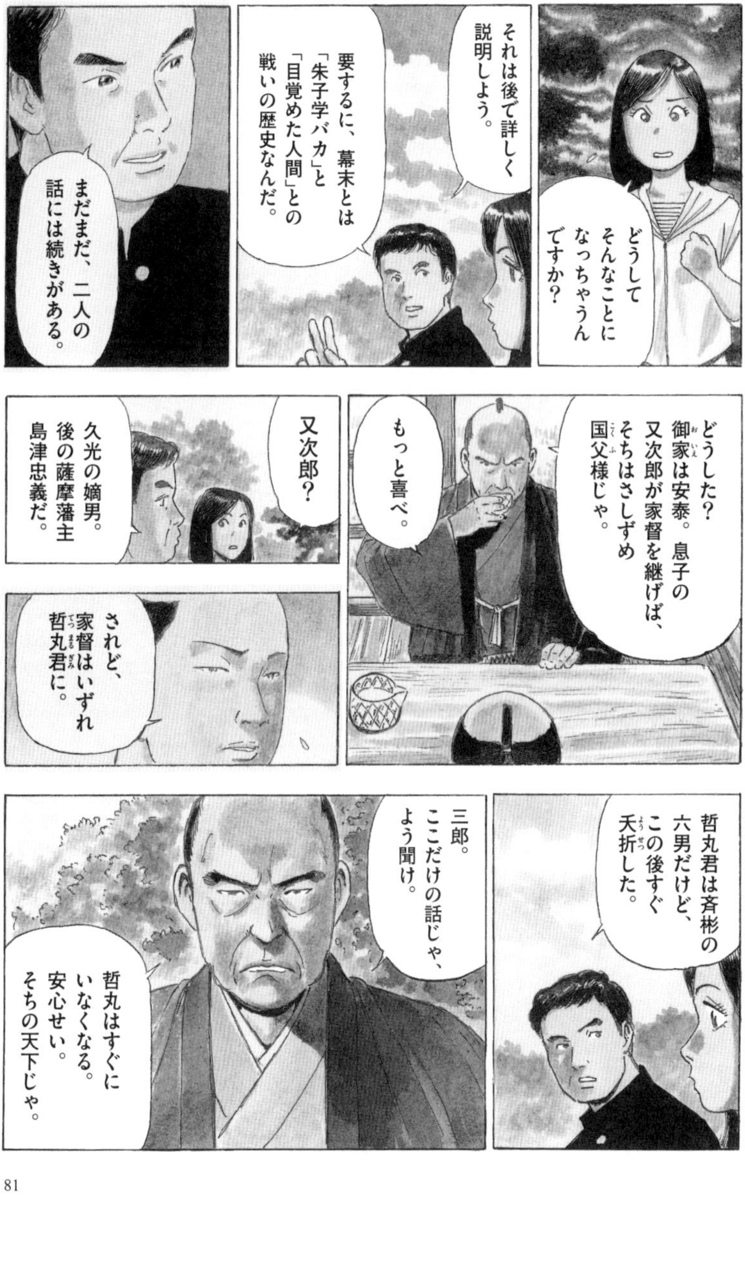
どうしてそんなことになっちゃうんですか？
それは後で詳しく説明しよう。
要するに、幕末とは「朱子学バカ」と「目覚めた人間」との戦いの歴史なんだ。
まだまだ、二人の話には続きがある。
どうした？御家《おいえ》は安泰。息子の又次郎が家督を継げば、そちはさしずめ国父《こくふ》様じゃ。
もっと喜べ。
又次郎？
久光の嫡男。後の薩摩藩主島津忠義だ。
されど、家督はいずれ哲丸君《てつまるぎみ》に。
哲丸君は斉彬の六男だけど、この後すぐ夭折《ようせつ》した。
三郎。ここだけの話じゃ、よう聞け。
哲丸はすぐにいなくなる。安心せい。そちの天下じゃ。

父上！
まさか兄上が亡くなったのも父上の差し金…
親に向かって何を言う！無礼だぞ！
これだけは覚えておけ。わしは六百年続いた島津家を守らねばならぬ身。そして次はそちの番ということじゃ。
やっぱり斉彬は殺されたんですね。
間違いないね。
犯人というか、抹殺命令を下したのは島津斉興だろう。彼はその時には江戸にいたから、実際に毒殺したのは家臣の仕業だろうね。
逆に家臣の一存では絶対に主君は殺せない。

それができるのは主君より偉い人物から、納得できる理由で命令された時だけだ。
納得できる理由ですか？
学者さん達も気がつかないのが不思議なんだけど、外様大名が鉄砲隊を率いて京に向かうことは、
武家諸法度を完全に無視した行為で、どんな処分を下されても文句は言えない。
だから、それを阻止せよという命令には正当性がある。
でも斉彬は、井伊直弼を倒し、日本のために新しい政権を作ろうとした。
そういう志をまるで理解しないのが父の斉興だ。
どうぞ。
コト…
おっ、ありがとう。
なぜ、そこまで断絶しちゃうのか不思議…実の親子でしょう。
そこが幕末の歴史を理解する最大のポイントだな。

まず基本中の基本。徳川家康が武士の教養として朱子学を武士階級に浸透させたため、
江戸時代中期以降の武士は、どんな人間も少なからず朱子学の影響を受けていた。
朱子学の基本は「孝」だ。
親に対する忠節、親の親つまり先祖に対する忠誠が第一。
だから先祖の決めたルール、祖法《そほう》を変えることは許されない。もし変えれば、先祖の間違いを指摘し、恥をかかせることになる。
ここまではいいね。
はい。
しかし祖法厳守が絶対だと、ライフル銃に火縄銃を変えてはいけないことになるし、軍艦も西洋式を採用してはいけないことになる。
ライフルや軍艦に火縄銃じゃ勝てないことは中学生でも分かるのに、それが分からなくなる。
だから「朱子学バカ」なのさ。

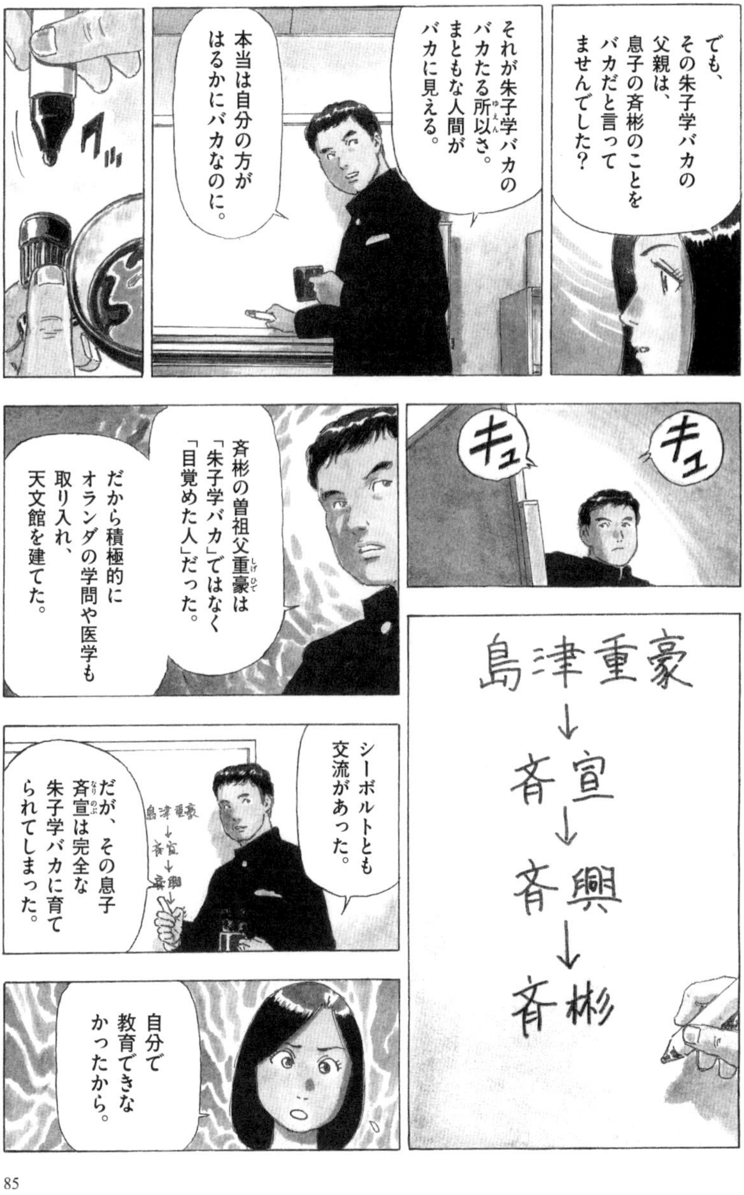
でも、その朱子学バカの父親は、息子の斉彬のことをバカだと言ってませんでした？
それが朱子学バカのバカたる所以《ゆえん》さ。まともな人間がバカに見える。
本当は自分の方がはるかにバカなのに。
グッ
キュ
キュ
斉彬の曽祖父重豪《しげひで》は「朱子学バカ」ではなく「目覚めた人」だった。
だから積極的にオランダの学問や医学も取り入れ、天文館を建てた。
島津重豪
↓
斉宣
↓
斉興
↓
斉彬
シーボルトとも交流があった。
だが、その息子斉宣《なりのぶ》は完全な朱子学バカに育てられてしまった。
自分で教育できなかったから。

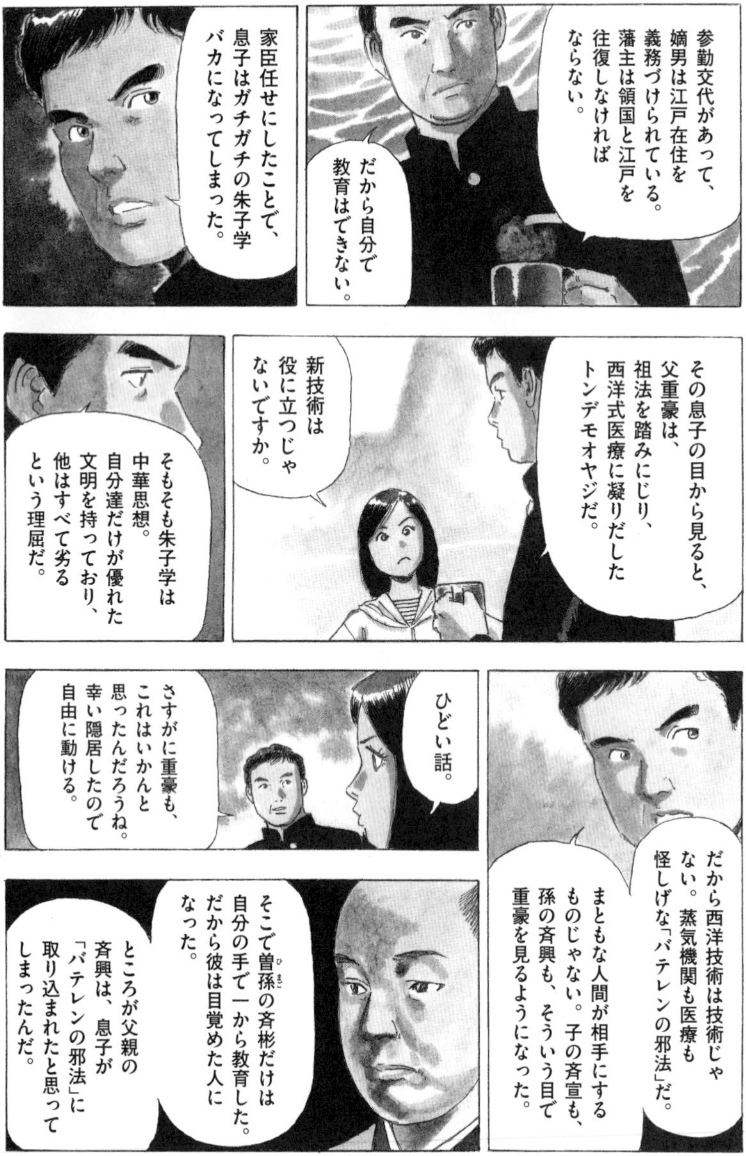
参勤交代があって、嫡男は江戸在住を義務づけられている。藩主は領国と江戸を往復しなければならない。
だから自分で教育はできない。
家臣任せにしたことで、息子はガチガチの朱子学バカになってしまった。
その息子の目から見ると、父重豪は、祖法を踏みにじり、西洋式医療に凝りだしたトンデモオヤジだ。
新技術は役に立つじゃないですか。
そもそも朱子学は中華思想。自分達だけが優れた文明を持っており、他はすべて劣るという理屈だ。
だから西洋技術は技術じゃない。蒸気機関も医療も怪しげな「バテレンの邪法」だ。
まともな人間が相手にするものじゃない。子の斉宣も、孫の斉興も、そういう目で重豪を見るようになった。
ひどい話。
さすがに重豪も、これはいかんと思ったんだろうね。幸い隠居したので自由に動ける。
そこで曽孫《ひまご》の斉彬だけは自分の手で一から教育した。だから彼は目覚めた人になった。
ところが父親の斉興は、息子が「バテレンの邪法」に取り込まれたと思ってしまったんだ。

それでも、男子が一人だけならよかったんだが、親が決めた嫁である斉彬の母とは違って、自分で選んだ女が産んだ息子があの久光だ。
しかも嫡男じゃないから薩摩育ちで、同じ朱子学バカに育ってくれた。だから早い段階から斉興は、斉彬を抹殺しようと思っていた。
それを証明する事実がある。
……何ですか？
斉彬には、全部で六人の男子がいた。
しかし親に先立って、まず五人の男子が死に、さっき話に出てきた六男哲丸もすぐに死んだ。
男子全滅。すべて病死ということになっている。
ひどい！

当時の医療水準の問題だという人もいるが、大名だし、母親も違う男子が揃いも揃って死ぬのは不自然。
絶対に斉彬や、斉彬の子孫に島津家を渡してたまるかという強い意志が感じられる。
斉彬は、日本にとって何が大切か一番分かっているとても貴重な人材なのに、それを理解しない人々に殺されてしまったんですね。
奴らは日本を滅ぼしかねないバカなことをした。
なのに自分達は正義で、立派なことをしたと思っている。そういう誤った道にはまり込んでしまった男が、もう一人いる。
その男を見に行こう。
江戸
彦根藩邸内

何と申した！帝が攘夷を実行せよとの御命令を下された!?
謀臣 長野主膳《しゅぜん》
大老 井伊直弼
左様にございます。詳細はこれに。
……
たわけ者！このような大事、なぜ気づかなんだ！そのためにそちを京に置いておるのだぞ！
申し訳ございません。ただこれは堂上《どうじょう》の方々の仕業ではなく、どうやら水戸の方々が動かれたようで…
堂上？
公家のことだよ。

水戸じゃと!?
あのジジイか!
どうしてくれよう…
いかが図りましょう。
己《おのれ》の存念を通すため、畏《おそ》れ多くも帝《みかど》の名を利用するとは許し難し!
きゃつら残らず厳罰に処してくれるわ!
ここが歴史の分岐点!
何が始まったの?
安政の大獄が第二段階に入った! 踏み込んではいけない段階にね!

エピソード5
「戊《ぼ》午《ご》の密勅」が引き起こした幕府vs水戸藩の泥仕合

安政の大獄が第二段階に入ったってどういうことですか？
第一段階は理解したよね？
十三代将軍徳川家定の意向を受けて、大老井伊《いい》直弼《なおすけ》が強権を発動。天皇を無視してアメリカとの通商条約を締結。
同時に、紀州家の慶福《よしとみ》を十四代将軍家茂《いえもち》とし、

勅許《ちょっきょ》なき調印と将軍継嗣問題で対立する慶喜派の大名を謹慎処分にした。
ですよね。
完璧だ。
ところが、開国に絶対反対だった孝明天皇から、
戊午《ぼご》の密勅が発令された。
ぼごのみっちょく？
キュ
キュ
「ぼご」は干支《えと》だ。「つちのえうま」とも読み、六十年に一度回ってくる年だ。
戊午の密勅
この場合は1858（安政5）年を指す。
日米修好通商条約締結の二か月後、孝明天皇の名で出された秘密命令で、
戊午の密勅
要するに「開国をやめて日本は一致団結して外圧をはね返せ」という内容だ。
本来なら幕府に伝えられるところが、取り巻きの公家達は最初に水戸藩に送った。

なぜですか?
幕府が勝手に条約締結したからさ。信用できない、とね。
水戸藩がリーダーとなって攘夷を実行せよ、ということだ。
君が幕府の代表者だったらどう思う?
メンツ丸潰れですよね。ふざけるな、って感じかな。
その通り。
問題は井伊直弼がこれを純然たる天皇の意思ではなく、
戊午の密勅
水戸藩の謀略で出されたニセモノと思い込んだことだ。
ええっ? どうして?
直弼の「目」でもあり「耳」でもある腹心、長野主膳がそう報告したからさ。
主膳は京都担当の情報収集役だったが、この動きに気づいた時には、既に密勅が出された後だった。

このままでは責任が問われる。そこで、あれは水戸藩の陰謀だと直弼に告げた。
デタラメ情報を信じてしまったってことか…
それが井伊直弼という政治家の最大の失敗だね。
条約締結まではいい。仮に島津斉彬《なりあきら》が健在で日本の改革を推し進めたとしても、条約締結は認めざるを得なかっただろう。
あくまで拒否したら、アヘン戦争でやられた清国の二の舞いになる。
ところが直弼は強大な権力に見合う情報機関を持っていなかった。※京都所司代などをうまく活用できなかったと言ってもいい。
大きな決断をするなら正確な情報を集めないとね。
長野主膳ってとんでもない奴ですね。そもそも何者なんですか？
学者先生だね。国学者で学識はある。
直弼は最初、彼の弟子だったんだ。

※京都所司代：京都に駐在し、京都警備、朝廷・公家の監察、京都・伏見・奈良の町奉行管理、近畿全域の訴訟処理、西国大名の監視などが業務。

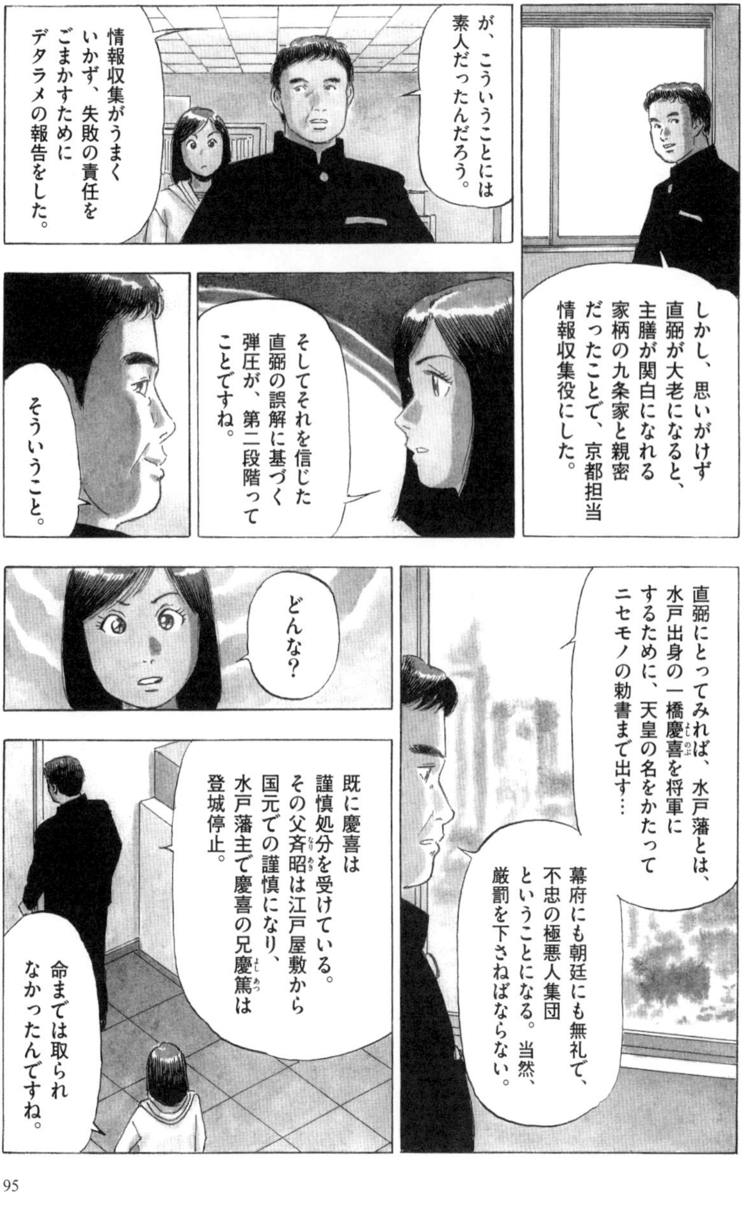
しかし、思いがけず直弼が大老になると、主膳が関白になれる家柄の九条家と親密だったことで、京都担当情報収集役にした。
が、こういうことには素人だったんだろう。
情報収集がうまくいかず、失敗の責任をごまかすためにデタラメの報告をした。
そしてそれを信じた直弼の誤解に基づく弾圧が、第二段階ってことですね。
そういうこと。
直弼にとってみれば、水戸藩とは、水戸出身の一橋慶喜《よしのぶ》を将軍にするために、天皇の名をかたってニセモノの勅書まで出す…
幕府にも朝廷にも無礼で、不忠の極悪人集団ということになる。当然、厳罰を下さねばならない。
どんな？
既に慶喜は謹慎処分を受けている。その父斉昭《なりあき》は江戸屋敷から国元での謹慎になり、水戸藩主で慶喜の兄慶篤《よしあつ》は登城停止。
命までは取られなかったんですね。

カチャ
御三家だからね。
でも、直弼はそれ以上の罰を考えていたようだ。
その証拠となるシーン、残酷だけど大丈夫かな…
京　六角獄
水戸藩　京留守居役
鵜《う》飼《がい》吉左衛門
ぐぅううっ！

おぬしもしぶといのう。
ひと言吐けば楽になるぞ。主君の命で偽勅《ぎちょく》をこしらえた、とな。
たわけたことを。あれは紛れもなく帝の御意志じゃ！
まだ、言うか！
よし！もう一枚載せい！
ゴトッ
――！

おぬしは主君の命に従っただけ。家臣としては当然だ。恥じることはない。
ただ素直に白状すればよいのだ。命だけは助かるぞ。
白状することなど何もない！
とても見てられないな、戻ろうか。
あの人、誰ですか？
水戸藩の京留守居役。朝廷との交渉を担当する外交官だ。
直弼は密勅が水戸藩のデッチ上げだと信じ込んでいる。だから当事者を自白させ、動かぬ証拠を摑もうと、徹底的に拷問させた。
白状させれば水戸藩主だって処刑できる。でも、そんなことを白状する人間は一人もいなかった。
そもそもそんな事実はないし、当然ですよね。
じゃ命は助けられた？
まさか！拷問されてた鵜飼吉左衛門は斬首。他にも大勢が殺された、無実なのにね。
ひどい。
まさに井伊の赤鬼。前関白や大臣達、それに大名も片っ端から謹慎させた。

しかし証拠がつかめない。
直弼の怒りはさらに、
とんでもない方向に進む。
そこへ行って
みようか。
江戸　伝馬町牢屋敷
あ、あの人、
吉田松陰ですよね。
明日、
処刑されて生涯を
終えるけどね。
え？　でも
無実ですよね。
「水戸藩の大陰謀」に
関してはそう。
もともとそんな陰謀は
ない。しかし――、

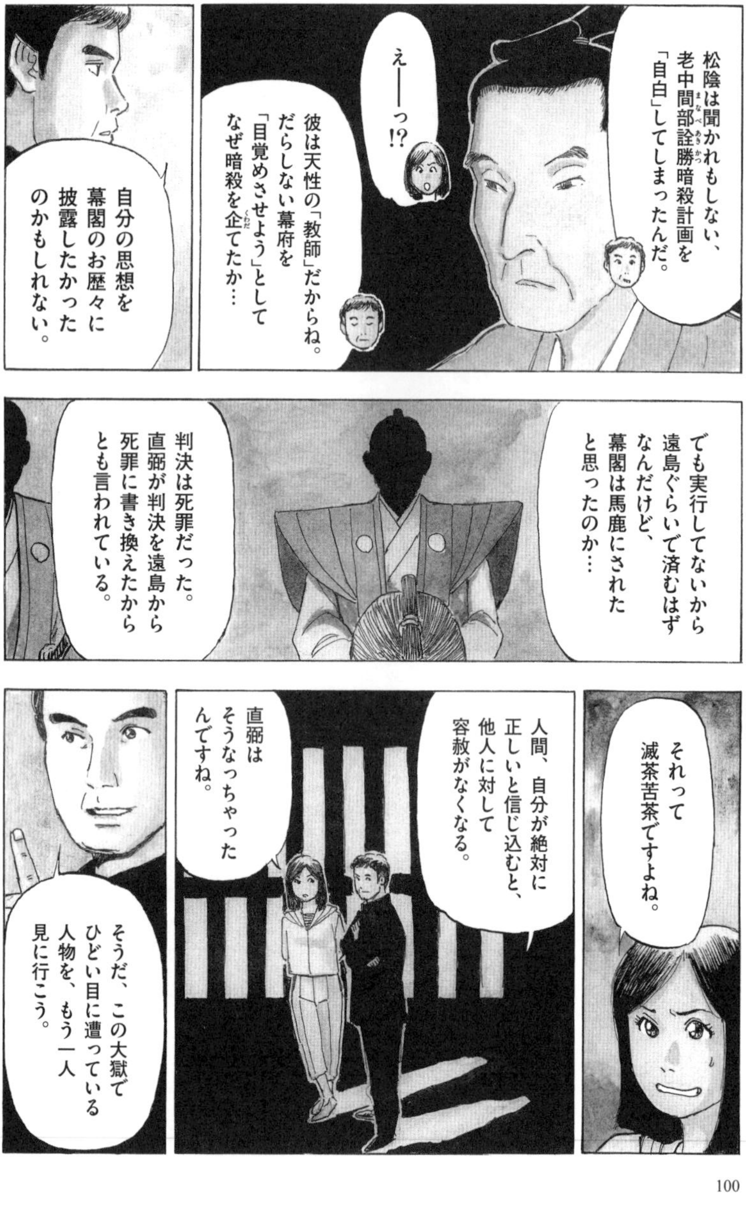
松陰は聞かれもしない、
老中間部詮勝《まなべあきかつ》暗殺計画を
「自白」してしまったんだ。
えーーっ!?
彼は天性の「教師」だからね。
だらしない幕府を
「目覚めさせよう」として
なぜ暗殺を企《くわだ》てたか…
自分の思想を
幕閣のお歴々に
披露したかった
のかもしれない。
でも実行してないから
遠島ぐらいで済むはず
なんだけど、
幕閣は馬鹿にされた
と思ったのか…
判決は死罪だった。
直弼が判決を遠島から
死罪に書き換えたから
とも言われている。
それって
滅茶苦茶ですよね。
人間、自分が絶対に
正しいと信じ込むと、
他人に対して
容赦がなくなる。
直弼は
そうなっちゃった
んですね。
そうだ、この大獄で
ひどい目に遭っている
人物を、もう一人
見に行こう。

薩摩国 錦江湾《きんこうわん》
ザァ!..
薩摩藩士
西郷隆盛
福岡藩士
平野国臣《くにおみ》
勤王僧
月照《げっしょう》
あ、ドラマで観たことあるかも。
もうすぐ始まるね。
！

ドボォ
はっ
ズバ
!

適切な措置だね。こういう時は、まず船を停めること。そして海上に目印として遭難地点をマーキングする。
この二つが大切なんだ。
ツイていたのは旧暦の11月16日はほぼ満月の夜で海面がよく見えた。
！
どうしてこんなことになっちゃったんですか？
僧侶の月照も、公家達の間を取りもって攘夷運動をしていたので、井伊直弼ににらまれた。
身体の弱い月照にとって、受牢は即、死に繋《つな》がる。
島津斉彬の命で京にいた西郷は、その保護を公家達から頼まれたんだ。

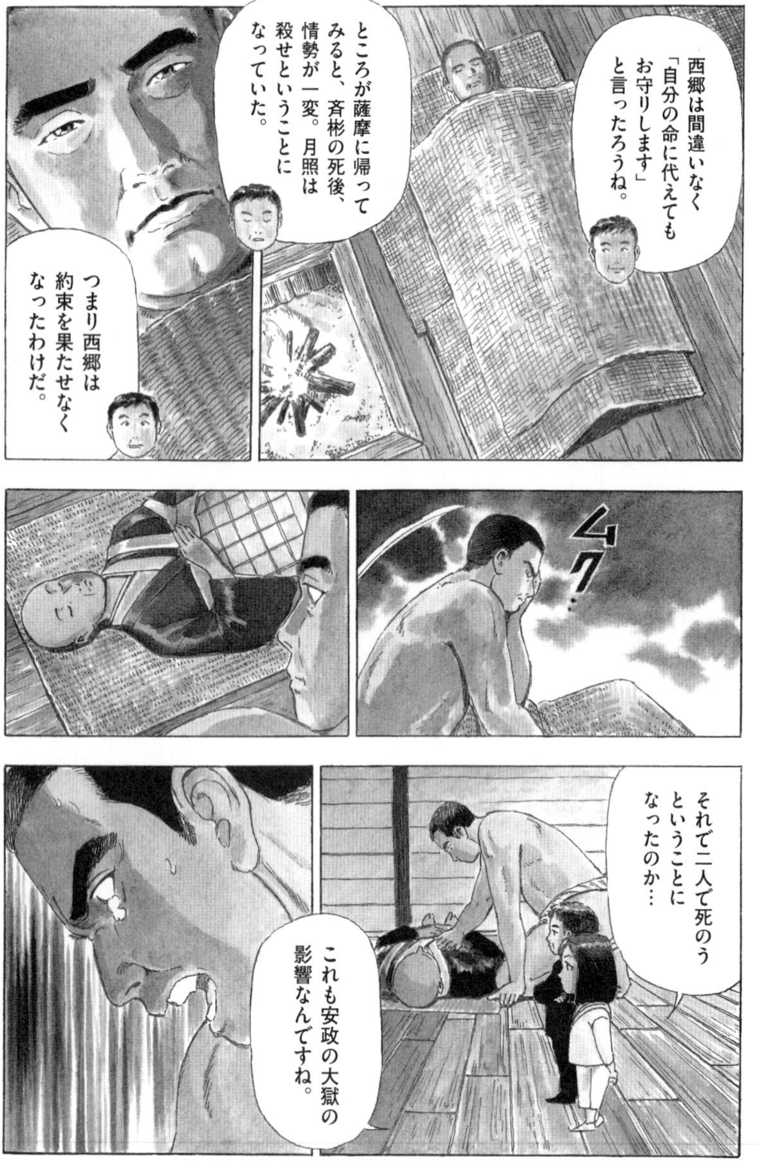
西郷は間違いなく「自分の命に代えてもお守りします」と言ったろうね。
ところが薩摩に帰ってみると、斉彬の死後、情勢が一変。月照は殺せということになっていた。
つまり西郷は約束を果たせなくなったわけだ。
ムク…
それで二人で死のうということになったのか…
これも安政の大獄の影響なんですね。

この後、西郷隆盛は菊池源吾と改名させられ、奄美大島に移される。
遠島と言う人もいるけれど、実質的には左遷だね。
島内では行動の自由があり、妻をめとることもできた。でも、しばらく彼は自分のことを、
「土中の死骨《しこつ》」と言ってる。
意味は分かるよね。
死んだも同然…か。
それにしても、
井伊直弼っていう人間に腹が立って仕方ないんですけど。
それは当然の感情だけど、人間っていうのは簡単に割り切れるもんじゃない。
そうだ1860(安政7)年3月3日に行こうか。
雛祭り?
そう、この日は大名達にとって五節句の総登城日。そして桜田門外の変によって直弼が死んだ日だ。

江戸城　桜田門外
彦根藩邸
…というわけで、大老のお命を狙う不穏な動きがござる。
ここは警備の人数を増やされるべきかと…
御忠告かたじけない。しかしながらそれはいたしかねる。
大老
井伊直弼
何ゆえでござるか。
老中
脇坂安宅《やすおり》
警護の人数は昔から定められております。拙者は天下の政《まつりごと》を預かる身。敵を恐れて決まり事を破っては示しがつきませぬ。
しかし、命あっての物種《ものだね》にござるぞ。

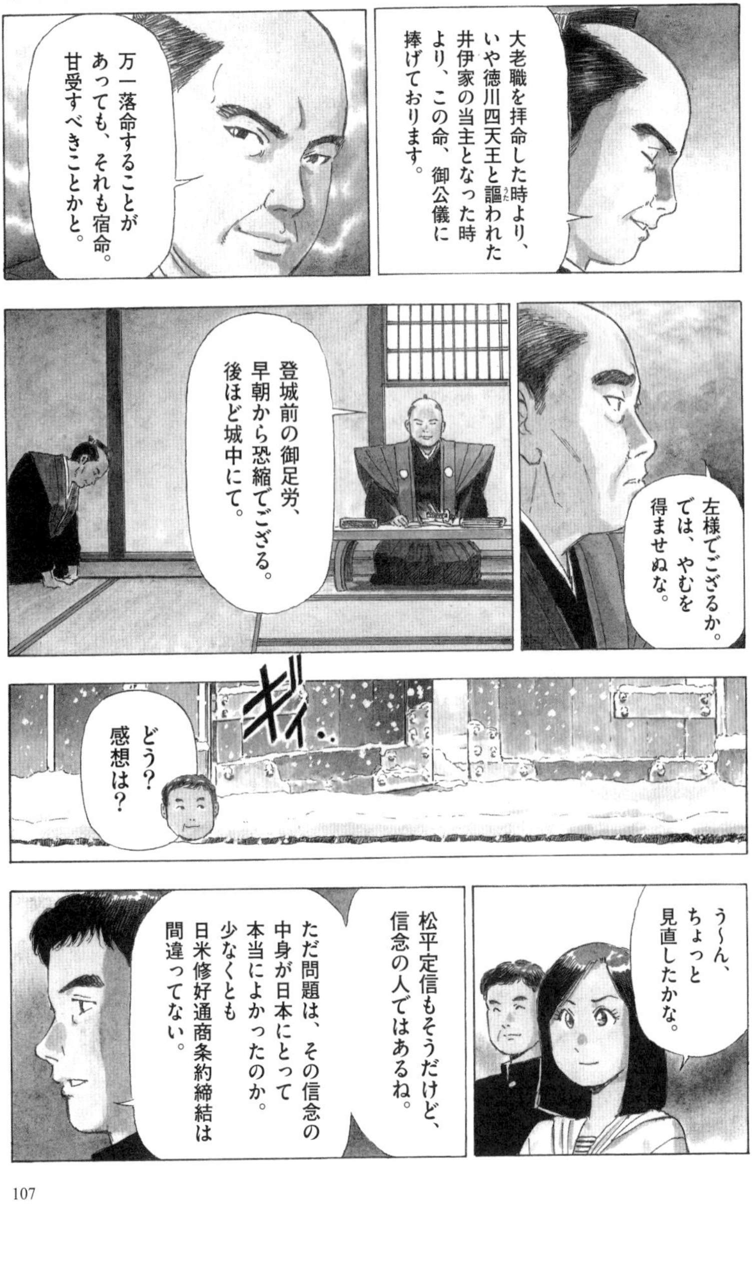
大老職を拝命した時より、
いや徳川四天王と謳《うた》われた
井伊家の当主となった時
より、この命、御公儀に
捧げております。
万一落命することが
あっても、それも宿命。
甘受すべきことかと。
左様でござるか。
では、やむを
得ませぬな。
登城前の御足労、
早朝から恐縮でござる。
後ほど城中にて。
ギィ
どう？
感想は？
う～ん、
ちょっと
見直したかな。
松平定信もそうだけど、
信念の人ではあるね。
ただ問題は、その信念の
中身が日本にとって
本当によかったのか。
少なくとも
日米修好通商条約締結は
間違ってない。

しかし、それが正しい判断だったが故に、直弼は自分に反対する人間がすべて悪だと思い込んでしまった。
人間って複雑なんですね。
では彼が殺される瞬間を見ようかな。
なんか悪趣味。
そうでもないよ。
午前9時頃
桜田門外
訴

うおおっ
バン!

ひっ！
ひぃ――っ！
え？逃げちゃった！主君の一大事なのに。
逃げた奉公人の多くは、渡り中間《ちゅうげん》と呼ばれた臨時雇いのフリーランス。
侍と違って、主君に対する忠誠心は期待できない。銃弾は井伊に致命傷を与えた。つまり大名行列は銃による攻撃に対応できていなかった。
そうか、システムが時代遅れなんだ。
これも歴史分析の重要な要素だね。

エピソード6
桜田門外の変後に加速する
幕府弱体化と公武合体運動
うわあぁ
ぐわぁ！
おおっ！

この後、
薩摩藩士有村次左衛門が
大老井《い》伊《い》直弼《なおすけ》を
駕籠《かご》から引きずり出し、
首を取ることになる。
戻ろう。
あの人達、水戸藩士のグループじゃないんですか？ 何で薩摩の人がいたの？
正確には「元」水戸藩士。
つまり浪士だ。決起の直前に脱藩している。
実は井伊直弼を倒すことは、薩摩も承知していて、現場には薩摩藩士が一人だけ参加していた。
島津斉彬《なりあきら》は大老をやっつける気だったですもんね。でも斉彬が亡くなったってことは…
そう、現場にはいないけど、同志として参加していた兄の有村雄助は、
幕府の追及を恐れた薩摩藩の命により自刃。他の浪士達も幕府や水戸藩の追及を受け、切腹したり斬首された。

水戸藩まで、なぜ?
簡単に言えば、水戸藩ご隠居の徳川斉昭《なりあき》が「自分はそんな命令を下していない」と、テロリストの逮捕に協力したからさ。
サイテー!
彼らは斉昭のために命をかけたんでしょ。ひどすぎ。
こういう時に、人間の器が分かるよね。
幕府には犯人を探すと言っておいて、保護するという手だってあった…
まあ、このジイさんも、変の五か月後、蟄居《ちっきょ》中の水戸で急死する。
享年六十一。
厠《かわや》に立った後、突然倒れたと伝えられていて、心臓病が原因とも言われている。
井伊家の報復?
それなら面白いけど、やはり病死みたいだね。
一方の幕府は、暗殺などなかったことにして収めようとした。つまり、井伊大老は重病で死んだってことにしてね。

そんなバカな。あんなに大勢の目撃者がいたのに！浪士達は犯人として追及されたじゃないですか！
いいこと言うね。
彼らもそう反論すればよかった。
公式発表は病死ではないですか、と。
バカな話だけど、もし事件があったことを認めると、白昼に藩主の首を取られた彦根藩井伊家は取り潰しだ。
武門の恥だからね。
そんなことをしたら今度は「彦根浪士」が黙っていない。
彦根と水戸で戦争になるだろ。だから老中安藤信正が決断して「なかったこと」にしたんだ。
それで丸く収まったんですか？
戦争は避けられた。けど直弼は将軍に次ぐ大老、幕府という軍事政権のＮＯ．２だ。
それがテロリストに殺されたとなれば、幕府の権威は地に落ちたことになる。
安藤老中は政策の大転換を迫られた。それを見に行こう。

1860(万延元)年　夏
京都御所
するとと岩倉は、幕府の願いを受け、和宮《かずのみや》を江戸へ下した方がよいと申すか。
孝明天皇
痛恨の極みではございますが。
侍従　岩倉具視《ともみ》
だが、宮には熾仁《たるひと》という許嫁《いいなずけ》もおる。婚約を命じたのは麿《まろ》じゃ。今さら破約にし、将軍とはいえ武家の妻になれとは言えぬ。
でもございましょうが、未だ熾仁様との婚儀には至っておりませぬ。
宮様を将軍家茂《いえもち》殿の御台所《みだいどころ》にというのは幕府たっての願い。これを聞き届ける代わりに、お上《かみ》の大御心《おおみこころ》を今度こそ実現するよう、働きかけるべきかと。

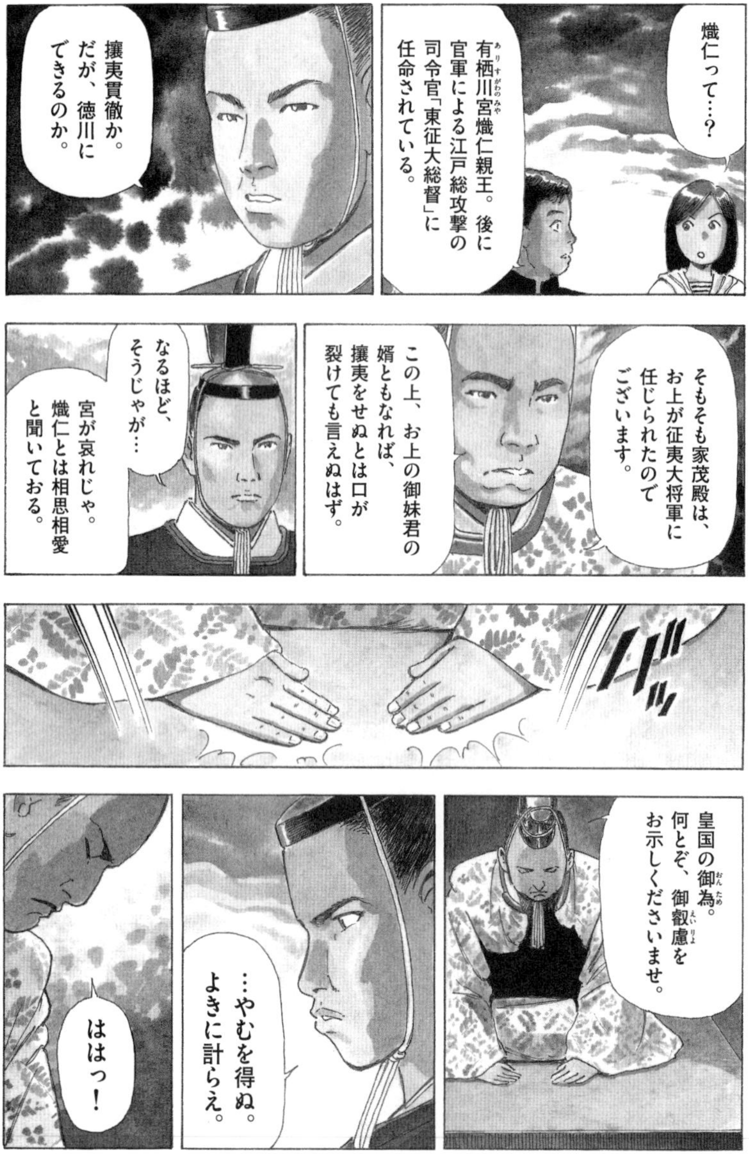
熾仁って…？
有栖川宮《ありすがわのみや》熾仁親王。後に官軍による江戸総攻撃の司令官「東征大総督」に任命されている。
攘夷貫徹か。だが、徳川にできるのか。
そもそも家茂殿は、お上が征夷大将軍に任じられたのでございます。
この上、お上の御妹君の婿ともなれば、攘夷をせぬとは口が裂けても言えぬはず。
なるほど、そうじゃが…
宮が哀れじゃ。熾仁とは相思相愛と聞いておる。
バッ
皇国の御為《おんため》。何とぞ、御叡慮《えいりょ》をお示しくださいませ。
…やむを得ぬ。よきに計らえ。
ははっ！

これって
和宮が将軍
家茂の嫁に
なるって話
ですよね。
孝明天皇の妹、
和宮が十四代将軍
徳川家茂の正妻になる、
つまり歴史上初めて
皇女が将軍家に降嫁
するという話だ。
問題はどうして
そうなったのか。
井伊大老暗殺で失墜した
幕府の権威を回復する
ため、安藤老中らは
公武合体《こうぶがったい》、
つまり婚姻を
通じて朝廷と幕府が
一体化する方向を
目指したんだ。
和宮が嫁に行った
ってことは、
幕府は攘夷貫徹を
約束したんですか？
約束はした。しかし
最初から守るつもりは
なかった。幕府は世界
情勢をよく知っていた
からね。
幕府サイテー。
要するに口先だけ
ってことですか。
和宮、かわいそう。
何しろ天皇が
開国をまったく
認めないから、
幕府もとりあえず
ごまかして、攘夷実行を
延期し、そのうち、
うやむやにしようって
腹だったみたいだ。
騙されたってこと？

じゃ、あの岩倉具視という人も幕府の手先ですか？
それは違う。
この二年前、岩倉は若手公家のリーダーとなって、幕府に協力的な上層部の公家らを糾弾した。それで孝明天皇に信頼された。
糾弾？
廷臣《ていしん》八十八卿《きょう》列《れつ》参《さん》事件。幕府による日米修好通商条約締結の勅許《ちょっきょ》打診を巡って、反対する若手公家が起こした抗議行動だ。
若者の反抗…みたいな？
そんな単純じゃない。岩倉は幕末期の朝廷内で一、二を争う謀略家だ。
彼の目的は、昔のように朝廷がこの国を治めること。天皇が将軍の「義兄」になることは、その第一歩だから和宮降嫁を推進した。
今回の縁組は、幕府が「通商条約の破棄」と「攘夷」を実行するなら特別に許す、とね。しかし、幕府は攘夷貫徹という天皇との約束を破った。
どんなことでもそうだが、この「約束破り」は予想外の結果を招く。

どうなるんですか？
その問いに答える前に、いくつか見ておいてほしいシーンがある。
1861（文久元）年2月
薩摩国　鹿児島城
そちは亡き兄上の側近として、京・江戸で周旋《しゅうせん》を重ねたそうじゃのう。
薩摩藩　国父
島津久光
しゅうせん？
根回しのこと。

此度《こたび》の一件にはぜひとも其方の力が必要じゃ。よろしく頼む。
…
西郷隆盛
国父《こくふ》様。
それは順聖公《じゅんせいこう》様の御遺志を継がれ、上洛して帝《みかど》の御意向を承り、その後、勅使《ちょくし》と共に江戸に入り、幕府に改革を迫るということでございますか？
いかにも。その通りじゃ。
順聖公様って？
島津斉彬のことだよ。
国父様、率直に申し上げてよろしゅうございますか。
！
大久保一蔵
よい。

そのような藩の行く末を
左右するかもしれぬ大事。
お取りやめくださるが
賢明かと存じます。
何を申す。
そちは兄上の時は先手《さきて》と
なって動いたではないか。
順聖公様はすべてを
見ておいでになりました。
誠に失礼ながら
国父様は地五郎《じごろう》にございます。
おやめになるが藩のためと
存じます。
!!

※地五郎：田舎者のこと。

無礼者!!
ようも申した！
許さぬ！
ガッ
くっ…！
すっ
吉之助どん！

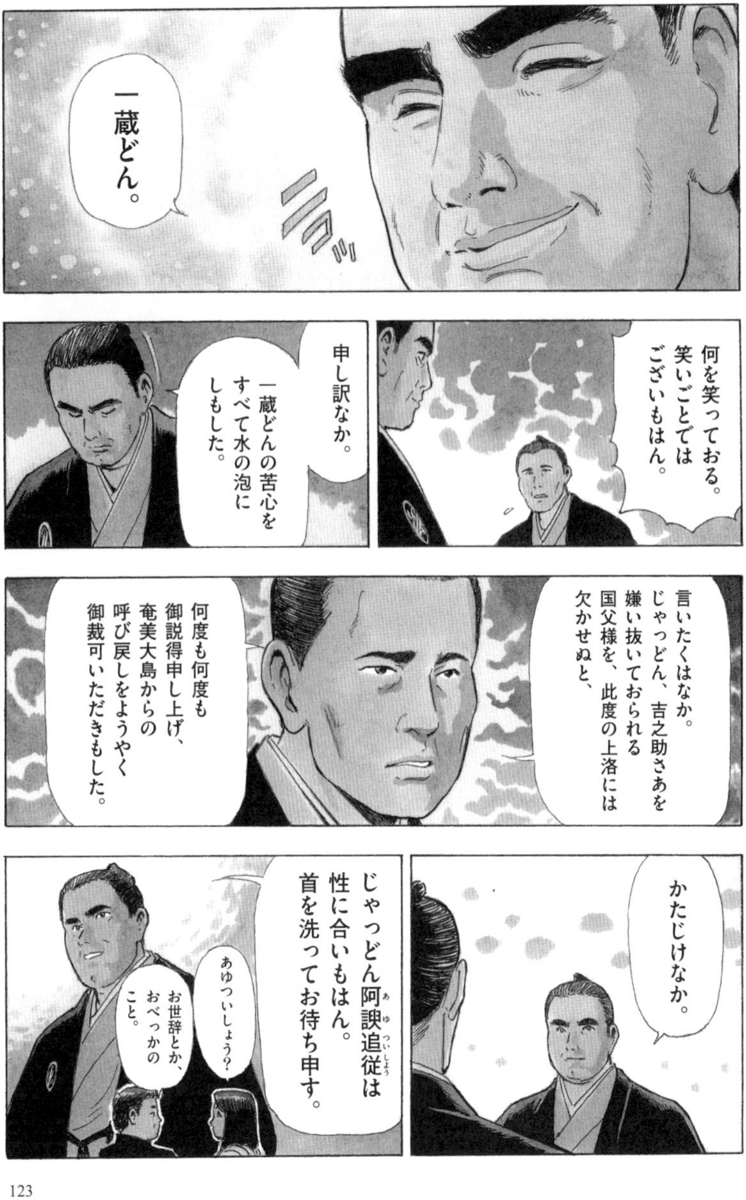
一蔵どん。
何を笑っておる。笑いごとではございもはん。
申し訳なか。
一蔵どんの苦心をすべて水の泡にしもした。
言いたくはなか。じゃっどん、吉之助さあを嫌い抜いておられる国父様を、此度の上洛には欠かせぬと、
何度も何度も御説得申し上げ、奄美大島からの呼び戻しをようやく御裁可いただきもした。
かたじけなか。
じゃっどん阿《あ》諛《ゆ》追《つい》従《しょう》は性に合いもはん。首を洗ってお待ち申す。
あゆついしょう?
お世辞とか、おべっかのこと。

順聖公様は亡くなられた。もう二度と戻っては来られぬ。
……
一蔵って後の大久保利通ですよね。これ、どういうシーンですか？
見た通りさ。
島津久光には兄を超えたいという野心がある。だから、父の斉《なり》興《おき》が亡くなると、兄斉彬が果たせなかった計画を実行しようとした。
しかし、田舎育ちで藩主でもない久光には、京や江戸でのコネがない。で、大久保が「この計画の実行には西郷が欠かせない」と久光を口説き落として、ようやく鹿児島で対面させた。

ところが西郷は久光を地五郎つまり田舎者と直言し協力を拒んだ。
なぜ、そんなバカなことを？
そう思ったから正直に言ったんだろうね。あんたは斉彬の足元にも及ばないって。
でも、ここは親友の顔を立てて、「頑張ります」とでも言っとけばいいのに。
おっ、世渡り上手！
でも、それができないのが西郷隆盛なんだよ。
それじゃ子供ですよ。
そうだね。もっとも男は大なり小なり子供だけど。
それで西郷は、どうなったんでしたっけ？
久光はこの時は我慢した。切腹を命じたりしたら、やっぱり「斉彬様には到底及ばない愚弟」ということになる。
しかし、この後、西郷が再度久光の命令に違反した時には堪忍袋の緒が切れた。

でも切腹は命じない。
あくまで「愚弟」の評価を
恐れたんだろう。
沖永良部《おきのえらぶ》島へ流罪にした。
ただ、これには
裏があった。
どんな？
奄美大島の時は、
行動の自由があり
結婚もできた。
ところが沖永良部では
最初から吹きっさらしの
野外の小牢に監禁し、
一歩も外へ出ることを
許さなかった。
つまり
衰弱死させようと
したんだ。
それなら「殺した」
ことにならない
ってわけか。
キタナイなあ。
でも、よく
死ななかった
ですね。
幸いなことに
西郷ファンの役人がいて、
彼は自宅の屋内に
座敷牢を作って
そこへ移らせたんだ。
久光の陰謀
失敗。ざまあみろ、
ですね。

人間、神様じゃないから、欠点もある。
賢者もいれば愚者もいる。でも歴史は必ずしも賢者や天才によって動くとは限らない。
次のシーンに行こう。
1862(文久2)年8月21日
武蔵国　生麦《なまむぎ》村
(神奈川県横浜市)
ザッ
久光の行列だ。結局あの後、久光は手勢七百を率いて上洛し、孝明天皇の支持を取り付け、
ザッ
ザッ
勅使の護衛という名目で鉄砲隊を率いて江戸に入り、今度は幕府に改革を実行させた。
大名ですらない無位無官の男が、天下の幕府に言うことをきかせたんだ。今は得意満面で引き上げてるところ。見ててごらん。

――!!
あ!
これ、有名な生麦事件ですね!

ここが歴史の
分岐点！
出た！
ダダダ
この事件が
きっかけとなって
薩摩藩は最も重大な
現実を学ぶことになる。

エピソード7
愚者島津久光が引き起こした 生麦事件と薩英戦争

1862(文久2)年8月
武蔵国　生麦村《なまむぎ》
地五郎(田舎者)という西郷の評価は当たってるね。
薩摩藩国父
島津久光
もし行列の主が島津斉彬《なりあきら》だったら、こうはならなかっただろう。
でも生麦事件を起こした愚者島津久光の行動が歴史を変えたんだ。
研究所に戻ろう。

久光の行動が歴史を変えたって、どういうことですか?
歴史の流れはいろいろな要素で動くってことだよ。
「愚者が歴史を変えた」とか「幕府が天皇との攘夷貫徹という約束を破った」ことが、
どんな結果を招いたか早く知りたいんだろうけど…
その前に…
維新の原動力となった長州の動きを把握する必要がある。
かなり複雑ではあるんだけどね。
分かりにくいってことですか?
そう、実に分かりにくい。
でも、「歴史が前進しようとするのを、朱子学バカが邪魔した」ことさえ理解していれば大丈夫だけどね。
じゃあ、それを見に行こうか。

幕末維新編 エピソード7

1861(文久元)年5月
京都 御所
あらあら、随分くつろいじゃって…
本来なら冠を着けているんだけど、まあ「無礼講」ってことだろう。
ところで孝明天皇という人物を、君はどう評価する?
どうって…頭が固いことは確かですよね。
神道と朱子学に凝り固まってて、開国絶対反対・攘夷貫徹でしょ。
ところがそうでもない。聞いててごらん。

三条、あの者は何と申したかな。
あの長州の…
長井雅楽《うた》でございますか。
※議奏
正親町三条実愛《おおぎまちさんじょうさねなる》
そう、その長井じゃ。
「航海遠略策」か、※蒙《もう》を啓《ひら》かれた心地がする。
お上《かみ》の御言葉を聞けば、あの者、感泣《かんきゅう》致すことでございましょう。
麿《まろ》も感服致しました。
※侍従
姉小路公知《あねがこうじきんとも》
岩倉はどうじゃ。
なかなかのものかと。
侍従
岩倉具視《ともみ》
そうであろう。闇夜に望月が出た思いじゃ。
実は長州藩の長井雅楽という人物が、藩主毛利慶親《よしちか》※の了承を得て、朝廷に「航海遠略策」という国策を提案した。
孝明天皇はこれをいたく気に入って、大絶賛しているところだ。

※議奏：連絡役。
※蒙を啓く（啓蒙）：人々に正しい知識を与え、教え導くこと。
※侍従：天皇の近くに仕える側近。

※1864（元治元）年、蛤御門の変により敬親《たかちか》と改名。

どういう内容ですか？
簡潔に言えば、開国して貿易を盛んに行ない、国を富ませ兵を養い、
イギリスのような世界の強国になろうってことだよ。
それって明治新政府の方針じゃないですか。
孝明天皇って、開国には絶対反対だったんでしょ？
反対した最大の理由は？
貿易は人間のクズのやることだから…
あ！
でもこれは朱子学バカの話か。天皇はむしろ神道の影響で、国土が穢《けが》れることを恐れたんでしたね。
最大の理由は、鎖国が日本国始まって以来の「祖法《そほう》」だと思い込んでいたことだ。
やはり朱子学の影響だよ。しかし朱子学バカじゃない長井は、「祖法」ではないことを天皇に示し、納得させたんだ。

よく説得できましたね。
タネ明かしは『源氏物語』さ。
その第一帖「桐壺」に、平安京に実在した鴻臚館《こうろかん》というのが出てくる。
諸外国と積極的に交流していた時代に、外交使節を受け入れていた迎賓館だ。
朝廷の人間で『源氏物語』を知らない者はいない。
長井はそれを取っかかりに、かつて日本が海外と大いに交流し、外国と対等に渡り合っていた、と説明したんだ。天皇も元気が出るはずさ。
そうか、天皇はむしろ、
朱子学というバカな学問に目をくらまされていただけだったんですね。
その通り。
でも、変だな。
長州藩の長井って名前、聞いたこともないし、この後、長州藩は攘夷路線を突っ走ったような記憶が…
問題はそこだ。さあ、次に行こう。

幕末維新編　エピソード7

1863年(文久3)2月
長門国　萩城下
え?
白装束ってことは…
これから藩命《はんめい》で切腹させられるんだ。
何の罪で?
それは本人の口から聞くといい。

スッ
小忠太《こちゅうた》、
来てくれたのか。
よく入れたな。
おぬしに同情する者は一人や二人ではないということだ。
書状は読んだ。子らのことは引き受けた。
かたじけない。竹馬の友が言うてくれるなら安心だ。だが……
無念だ。
雅楽…
帝《みかど》に対して無礼の言動があったなどと、そのようなことあるはずがない。
濡れ衣だ。小忠太、おぬしも用心することだ。
攘夷を唱えざる者、人に非ず、というのがあの卑怯者どもの考えだ。
……

そういえば、おぬしも息子がいたのう。
拙者の無念を伝え、くれぐれも用心するよう戒めることだ。これから長州は大変なことになるぞ。
無実の罪ってことですか?
そう、
天皇家に心から忠義を尽くそうと考えていた彼が、そんなことをするはずがない。
開国反対派が罪をデッチ上げ、汚名を着せて切腹に追い込んだ。
だが、バカでも謀略の才は一流だ。島津斉彬を「消した」連中のようにね。
どうしようもないですね。
どうしようもない連中をどうやって変えたのか。
それが幕末から明治維新の歴史を見るポイントだよ。
分かってます。
いかにして朱子学から脱却したか。
ところで、後から訪ねて来た竹馬の友って誰ですか?
じゃ彼の息子を見に行こう。君は一度会ってるよ。

京都　祇園
長州藩士
高杉晋作
土佐藩士
坂本龍馬

さっきのシーンとほぼ同じ時期だ。
で、あれが小忠太の息子だよ。
高杉晋作だ。相手は坂本龍馬ですよね。
バカのままの者もいれば、
目覚める者もいる。
坂本君、心から謝る。
君を蘭癖《らんぺき》の国賊と罵《ののし》ったバカな男を許してくれ。
穴があったら入りたい思いだ。

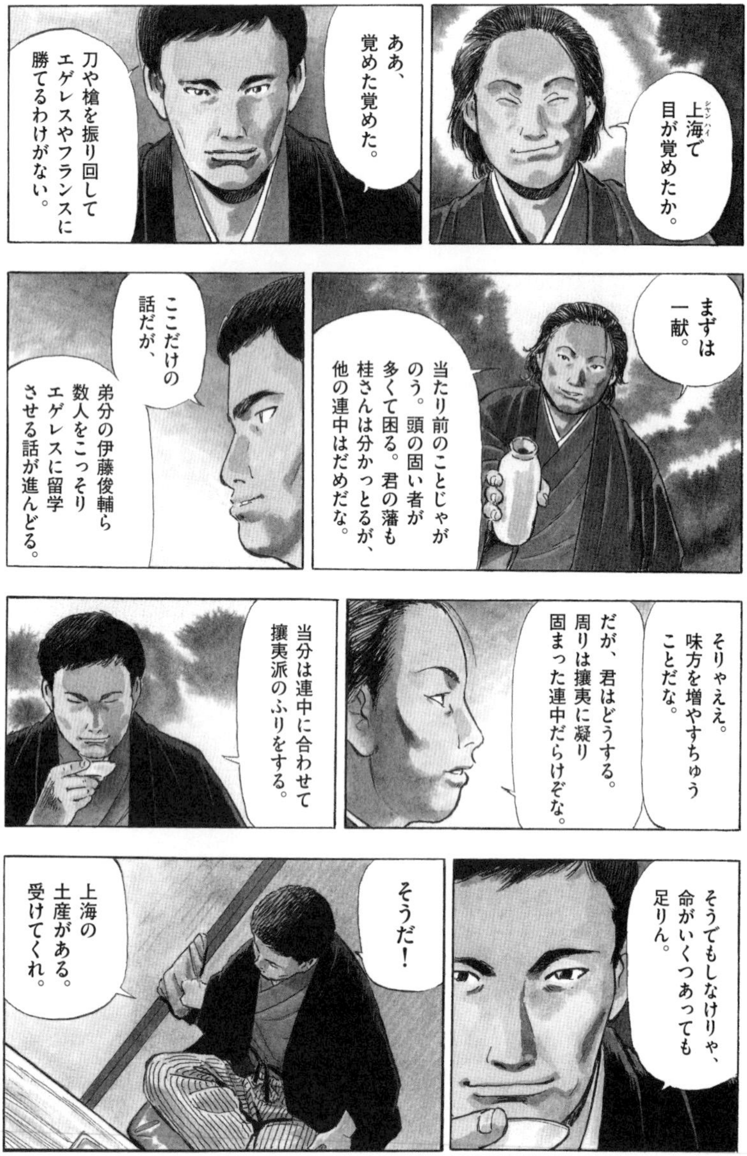
上海《シャンハイ》で目が覚めたか。
ああ、覚めた覚めた。
刀や槍を振り回してエゲレスやフランスに勝てるわけがない。
まずは一献。
当たり前のことじゃがのう。頭の固い者が多くて困る。君の藩も桂さんは分かっとるが、他の連中はだめだな。
ここだけの話だが、
弟分の伊藤俊輔ら数人をこっそりエゲレスに留学させる話が進んどる。
そりゃええ。味方を増やすちゅうことだな。
だが、君はどうする。周りは攘夷に凝り固まった連中だらけぞな。
当分は連中に合わせて攘夷派のふりをする。
そうでもしなけりゃ、命がいくつあっても足りん。
そうだ！
上海の土産がある。受けてくれ。

ドンッ!
おおっ、これは!
高かったろうな。
安くはない。詫びのしるしだ。
上海って?
この少し前、幕府の使節が清国の上海に派遣された。

長州藩は高杉を随行員の名目で一行に潜り込ませた。裏で桂小五郎の工作があったようだ。龍馬が桂にそうさせたんじゃないかな。
朱子学じゃダメだと、目が覚めるだろうってね。
でも日本史の学者達の多くは、この後も高杉はバリバリの攘夷派だったと信じている。
どうしてですか？
高杉はこの後、攘夷を実行すると宣言し、攘夷派の最右翼久坂玄瑞《くさかげんずい》、弟分の伊藤俊輔と「英国公使館焼き打ち」をした。
だから、学者達はそう信じる。分かるだろう、高杉の芝居に今も騙され続けている。
そもそも高杉がやったのは「英国公使館焼き打ち」ではない。
ええっ!?
あれは英国公使館・・・建設予定地襲撃事件だ。
だからイギリス人は一人も殺してない。そうやって自分は攘夷派だと他の連中に信じこませることができた。
でもすぐ後に、高杉の言うことなら何でも聞く伊藤俊輔、後の伊藤博文がイギリスに留学している。高杉が本当の攘夷派なら許すわけがない。

ですよね。
しかも高杉は、この頃、十年間の隠遁《いんとん》を宣言している。
国が非常事態なのに、なぜそんなことをする必要がある？ 悪く言えば「逃げ」じゃないか。しかも「東行《とうぎょう》」と号した。
東行ですか。
有名な西行法師のパロディだろうが、「みんなが西へ行こうとしているが、オレは逆を行く」…つまり攘夷はもはやすべきではない、
という宣言だろうね。
だが学者達はそれを認めない。史料がないというのがその理由だ。
だって、そんなこと書いたり言ったりすれば命がないじゃないですか。
逆に、高杉が「オレは完全な攘夷派だ」と書いていたとしても信用すべきではない。
「史料絶対主義者」はそれが分からないんだ。
高杉がこの時点で朱子学バカを脱却し、攘夷を捨てて開国すべきだと、目覚めたことを示す最大の物的証拠が――、

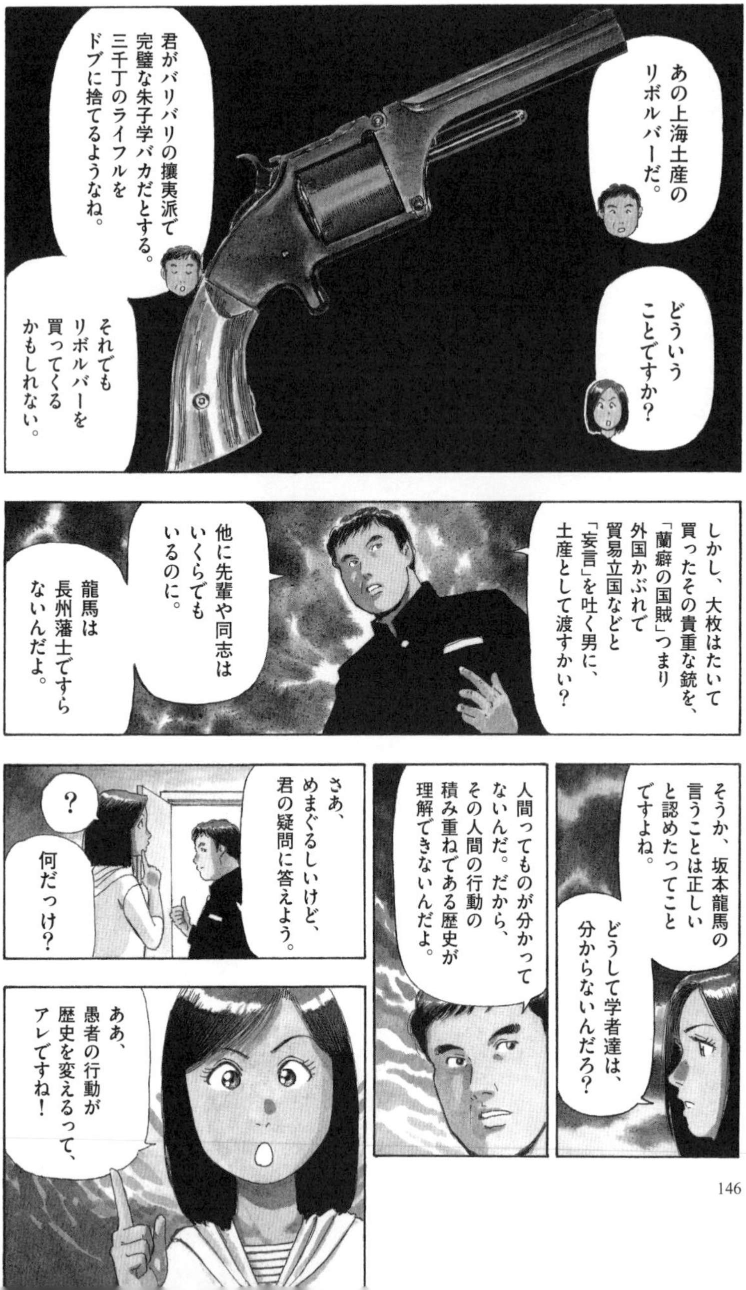
あの上海土産のリボルバーだ。
どういうことですか？
君がバリバリの攘夷派で完璧な朱子学バカだとする。三千丁のライフルをドブに捨てるようなね。
それでもリボルバーを買ってくるかもしれない。
しかし、大枚はたいて買ったその貴重な銃を、「蘭癖の国賊」つまり外国かぶれで貿易立国などと「妄言」を吐く男に、土産として渡すかい？
他に先輩や同志はいくらでもいるのに。
龍馬は長州藩士ですらないんだよ。
そうか、坂本龍馬の言うことは正しいと認めたってことですよね。
どうして学者達は、分からないんだろ？
人間ってものが分かってないんだ。だから、その人間の積み重ねである歴史が理解できないんだよ。
さあ、めまぐるしいけど、君の疑問に答えよう。
？
何だっけ？
ああ、愚者の行動が歴史を変えるって、アレですね！

1863(文久3)年7月2日
薩摩国　鹿児島
ビュウウウ
うわっ、すごい嵐!
あれ桜島ですよね。ってことは鹿児島?
何が起こってるんです?
生麦事件で、イギリス人を殺した犯人の引き渡しと賠償を、イギリス政府が求めてきた。
ところが島津久光は「あれは足軽のやったこと、責任はないし犯人も逃亡した」と大ウソをついて素っトボけた。
さすが地五郎!
来るなら来いと思ったんだろう、攘夷をやるいい機会だと。
何しろバリバリの攘夷派で朱子学バカだ。斉彬ならあり得ない対応だよ。

それでイギリス艦隊が攻めてきたんですね。
そう、近代兵器にかなうわけがない。
ボコボコにされて、久光も薩摩の攘夷派も、攘夷なんて無理、斉彬様が正しいとようやく悟ったんだ。
でも、斉彬が生きていたら薩英戦争なんてなかっただろうから、攘夷派への説得は難しかったかもしれない。
しかもこれには、おまけがついた。あのイギリス艦隊の旗艦に行ってみよう。
イギリス艦隊旗艦
ユーライアラス号
これがイギリス軍の、いや世界最新兵器のアームストロング砲だ。
ブリッジに行こう。

ビュウ
キィ
イギリス艦隊最高司令官 オーガスタス・キューパー提督
死んでいるのは この艦の艦長と副長だ。 キューパー提督は 助かったけど、これは 想定外の事態だった。
なぜ ですか？

西洋の大砲の方が射程距離はずっと長い。だから彼らは薩摩藩の大砲の射程距離外から砲弾を撃ち込んでいた。
ところが、嵐で軍艦が岸に吹き寄せられたところを薩摩の砲弾が見事に命中し、この結果を招いた。
イギリスは思った。「薩摩はなかなかやる」と。
これが明治になって日英同盟に発展していくんだ。
薩英戦争あったればこそだ。
まさに愚者島津久光が歴史を動かしたってことですね。

エピソード8
孝明天皇を囲い込んで「倒幕」に踏み切った長州藩の誤算

1863(文久3)年 7月2日 薩摩国　鹿児島
生麦《なまむぎ》事件から薩英戦争までの経験で、薩摩は開国に目覚めることになった…
西洋文明に学ばない限り、欧米には勝てない、ってことですね。
しかし問題は長州だ。
過激攘夷派を抱える長州藩はまだ目覚めていない。
ひと月ほど遡《さかのぼ》るよ。行き先は下関。
了解！

あははは
1863(文久3)年
5月29日
長門国　下関
あははは っ
砲術家
中島名左衛門
諸君！ 君達はいったい
何を浮かれているのか！
何のバカ騒ぎだ!!
ス ッ

まあまあ、先生も一杯やらんか。夷敵《いてき》を討ち払った戦勝祝いじゃ。
何をバカな!
諸君は全然分かっておらん!
去る10日に砲撃した相手は軍艦ではない。ただの商船だ。
しかも関門海峡は狭い。
攻撃は至近距離からだった。だが、我々は一隻も沈めることができなかった。
とは言っても敵は遁走《とんそう》したではないか。

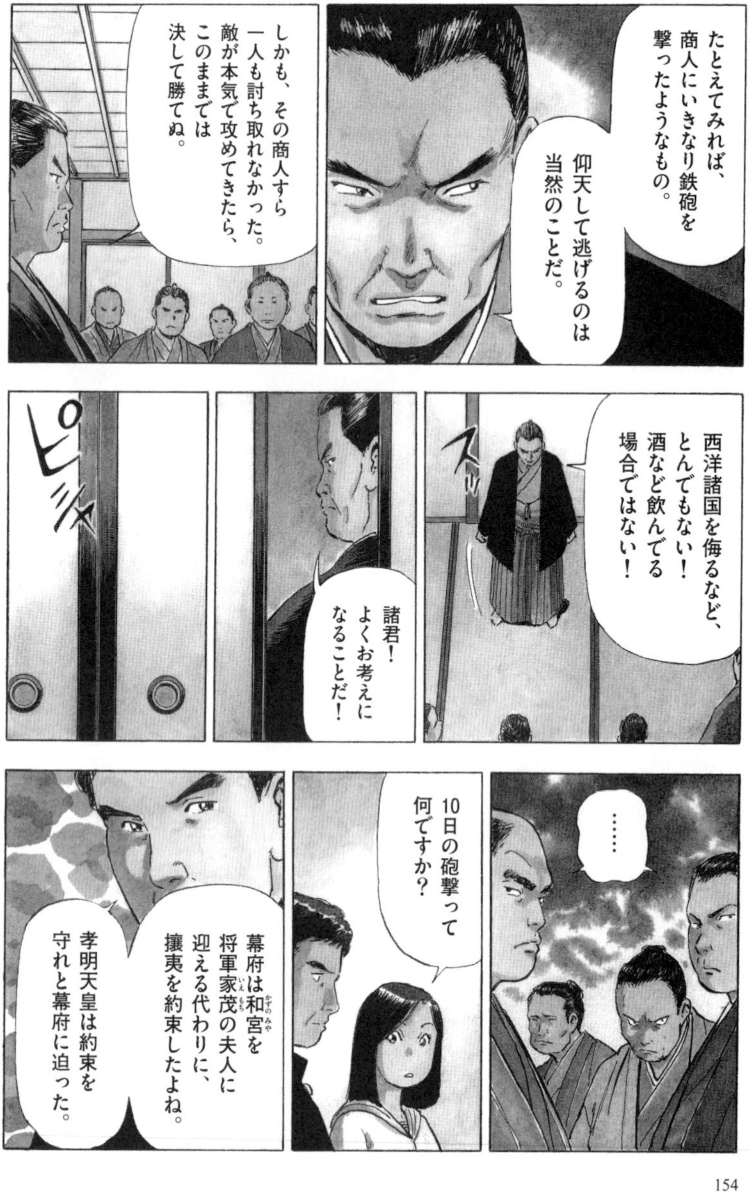
たとえてみれば、商人にいきなり鉄砲を撃ったようなもの。
仰天して逃げるのは当然のことだ。
しかも、その商人すら一人も討ち取れなかった。敵が本気で攻めてきたら、このままでは決して勝てぬ。
西洋諸国を侮るなど、とんでもない！酒など飲んでる場合ではない！
スッ
諸君！よくお考えになることだ！
ピシャ
……
10日の砲撃って何ですか？
幕府は和宮《かずのみや》を将軍家茂《いえもち》の夫人に迎える代わりに、攘夷を約束したよね。
孝明天皇は約束を守れと幕府に迫った。

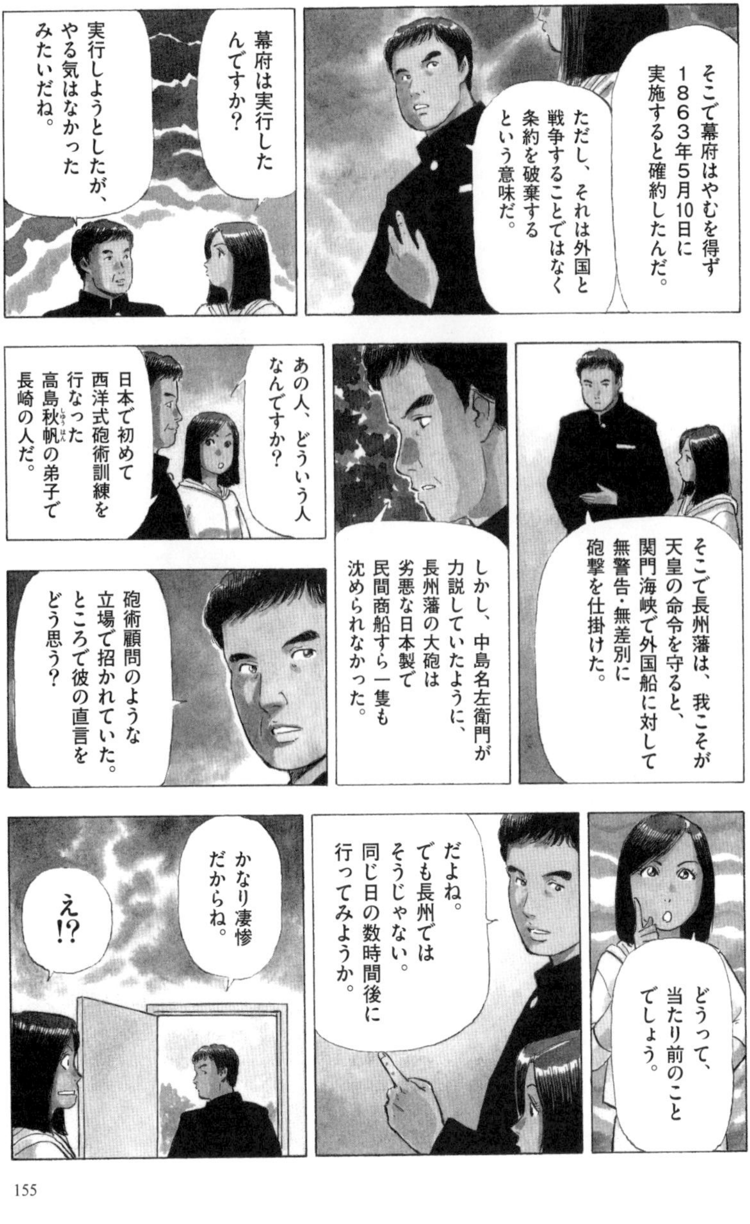
そこで幕府はやむを得ず
1863年5月10日に
実施すると確約したんだ。
ただし、それは外国と戦争することではなく条約を破棄するという意味だ。
幕府は実行したんですか?
実行しようとしたが、やる気はなかったみたいだね。
そこで長州藩は、我こそが天皇の命令を守ると、関門海峡で外国船に対して無警告・無差別に砲撃を仕掛けた。
しかし、中島名左衛門が力説していたように、長州藩の大砲は劣悪な日本製で民間商船すら一隻も沈められなかった。
あの人、どういう人なんですか?
日本で初めて西洋式砲術訓練を行なった高島秋帆《しゅうはん》の弟子で長崎の人だ。
砲術顧問のような立場で招かれていた。ところで彼の直言をどう思う?
どうって、当たり前のことでしょう。
だよね。でも長州ではそうじゃない。同じ日の数時間後に行ってみようか。
かなり凄惨だからね。
え!?

キャアアー
君にわざわざ見せたのは、彼の殺され方を知ってほしかったからなんだ。
え――、どんな趣味ですか。
よく見てごらん。

……
滅多斬りじゃないですか。
そう。彼は大勢の長州藩士に、なぶり殺しにされた。
藩士も武士、彼も武士だ。たとえ大勢で暗殺する場合でも、相手が刀を抜くのを待つのが武士の作法。
これは武士の武士に対する殺し方じゃない。ケダモノのように殺している。
ほら、長井雅楽《うた》の言葉を思い出さないか？
「攘夷を唱えざる者、人に非ず」というのがあの卑怯者どもの考えだ。
――って、切腹前に言ってましたね。
そうだろ。
でも、長州がこんなひどい状況だったということは、多くの人が知らない。
理由は分かる？

勝てば官軍。
最終的に長州が勝ったから、都合の悪いことは全部消されたわけですか？
分かってきたじゃない。
それを知っていれば、攘夷など不可能と目覚めた高杉晋作がいかに苦労したかも理解できる。
例えば、この名左衛門虐殺事件の犯人は一人も捕まらなかった。
え？ この時代にも警察はあるんでしょ？
藩主以下、犯人を捕らえようとはしなかった。うっかり手を出せば報復が怖いからじゃないかな。
さすがに藩庁は遺族に弔慰金を出したけど。
朱子学バカの上に狂信的、それが長州なんだよ。
いったん研究所に戻ろう。
アクル
マイフム
ジョ…

ありがとう。
でもこの後、長州も薩摩のように外国艦隊にボロボロにやられるんでしたよね。
下関戦争※だね。
そもそも四か国連合艦隊が長州を攻撃したのは、1863年5月10日に起きた外国船に対する無差別砲撃が原因だ。
生麦事件と同じで、砲撃した長州も謝罪する気など毛頭ないから、報復を受けた。
馬関戦争とも呼び、英仏蘭米の四か国連合艦隊と戦い惨敗した。
おかげで攘夷実行不可能を悟るけど、薩摩と違ってこの時期の長州は既に、倒幕に踏み切っていた。
倒幕って幕府を倒すことですよね。でも薩摩も同じじゃないんですか？
薩摩藩士有村次左衛門は確かに井伊《いい》大老の首を取ったが、国父島津久光はまったく評価しなかった。
久光は保守主義者で、幕府を改革すればいいという考え方だからね。

※下関戦争：1864(元治元)年8月、英・仏・オランダ・米の四か国連合艦隊が下関海峡から長州藩を攻撃した事件。

しかし長州は違う。関ヶ原の戦い後、毛利輝元が徳川家康に騙されて領地を減らされた恨みを、江戸時代ずっと抱き続けてきたんだ。
そして千載一遇の好機がやってきた。
好機って？
江戸時代を通じて、天皇は絶対だとする思想が確立したけど、これは幕府も大名も変わらない。
ところが幕府は、孝明天皇が実の妹和宮を将軍に嫁《とつ》がせてまで「攘夷を実行せよ」と言っているのに、明らかにやる気がない。
でも、それはやむを得ないじゃないですか。
攘夷を本気で実行したら日本は滅びますよ。
それが分からないのが朱子学バカ達だよ。
彼らの理屈では、幕府は天皇の御意志を実行する気がない不忠の臣だ。
幕府は攘夷をやるやると言って、天皇を騙そうとしている。
当然、そんな「逆臣」は討っていいし、討つべしということになる。そこで具体的な計画が浮かび上がった。

どうするんですか?
天皇の周辺にも長州を固く支持する公家達がいる。その公家達とつるんで、まず天皇を大和国つまり奈良県まで引っ張り出す。
大和にある初代神武天皇御陵へ参拝し、日本の平安を祈るというのが表向きの口実だ。
しかし、そこで天皇は攘夷の即時完全実行を宣言する。そして煮え切らない幕府に、長州藩が「なぜ天皇の命令に逆らうのか」と問い詰める。
記録には残っていないけど、長州藩はこの後、明らかに天皇を囲い込み、幕府を討つところまで考えていたと思う。
へ——、そんな計画あったんだ。
でも、実行されてないですよね。
ということは失敗した?
そもそも実現しなかった。
その理由が歴史を見るポイント。現場に行こう。

1863(文久3)年8月
京都　御所
麿《まろ》はもう我慢がならぬ。
あの不忠の者ども、何とかならぬものか。
孝明天皇
三条実美《さねとみ》を頭目とする七人の逆臣、結託しおる長州藩の者ども、きゃつらを御所から一掃するのはいかがでございましょう。
獅子王院宮
(後の中川宮《なかがわのみや》)
やれるのか。
拙僧にお任せあれ。必ず成し遂げてごらんに入れます。

グッ
頼みにしておるぞ。
あのお坊さん、誰ですか？
この後、すぐ還俗《げんぞく》して中川宮と名乗る。この時点で孝明天皇の最も信頼する「軍師」ってとこかな。
あれ？岩倉具視《ともみ》は？
この時、岩倉は洛北の岩倉村に隠れていた。
天皇は公武合体論者で幕府を倒す気などないのに、討幕を目指す長州派の公家達が、天皇を囲い込んでいた。
岩倉具視は彼ら倒幕派の連中に「殺すぞ」と脅され、やむを得ず第一線を退いていた。
ところで、ここの歴史のポイントは分かった？
孝明天皇は幕府を倒す気などなかったし、そもそも長州藩が大キライだったってことですか？

何か教科書と違うような…
そう…確かに、
長井雅楽が活躍していた頃は、長州は孝明天皇のお気に入りだった。でも、長州は…
その長井を無実の罪で殺した。そんな長州を天皇が認めるわけがない。
確かに。じゃあ、この後はどうなったんですか？
よし、この数日後に行ってみようか。
うわっ！
1863(文久3)年
8月17日
大和国　五條代官所

何をやってるんですか?
天誅組《てんちゅうぐみ》の変と呼ばれる事件だ。8月17日、公家の中山忠光を頭目とする攘夷派の武士達が、
ぎゃああ!
御料所、つまり幕府直轄地の五條代官所を襲撃し、代官以下役人を皆殺しにした事件だ。
なぜそんな乱暴なことを?
代官って現代語に置き換えれば、代理人だよね。では誰の代理人か分かる?
幕府直轄地だから…徳川将軍?
正解。
直接には老中だが、老中の上司は将軍だからね。つまり討幕し、将軍を斬ったのと同じだ。
あの若い公家がリーダーですよね。どんな人なんですか?
中山忠光という、バリバリの攘夷派で長州派だ。彼はわざわざ京から下関まで行って、5月10日の長州藩無差別砲撃にも参加している。

しかも、彼の姉や甥っ子は日本人なら知らない人はいない有名人だ。
誰ですか。
甥は後の明治天皇。この時点では祐宮《さちのみや》と言って、まだ十二歳だけどね。その母親は中山慶子《よしこ》。忠光の実の姉だ。
とにかくバリバリの長州派がこの時点で「倒幕」を実行したことが重要なんだ。
実は翌日の8月18日は、孝明天皇が神武陵を参拝する大和行幸※に出発する予定だった。
それに先駆けて血祭りに上げたってことですか。
的確な表現だね。
だからこそ、長州はこの大和行幸を機に天皇を囲い込み、倒幕に踏み切ろうとしていた、と考えられるわけだ。
だが失敗した。ここで翌日の御所に行ってみよう。

※行幸：天皇が外に出かけること。

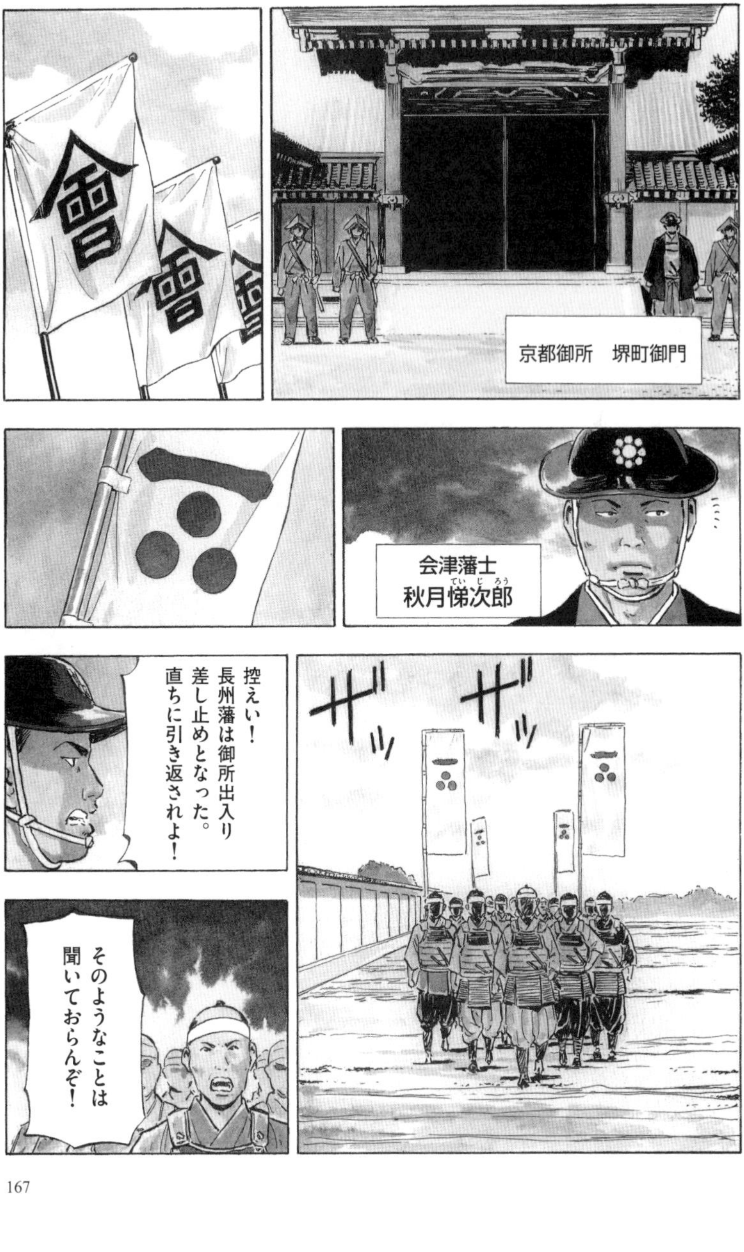
京都御所　堺町御門
會
会津藩士
秋月悌《てい》次《じ》郎《ろう》
ザッ
ザッ
控えい！
長州藩は御所出入り
差し止めとなった。
直ちに引き返されよ！
そのようなことは
聞いておらんぞ！

勅命じゃ！
貴公らは勅命に逆らわれるのか！
何だと!?
ガッ
ザッ
戻らぬなら、逆賊としてここで死ぬことになる。それでよろしいか！
何を、馬鹿な！
待て！
久坂《くさか》殿。
拙者は長州藩士久坂※通武《みちたけ》と申す。
長州藩士
久坂玄瑞《げんずい》

※通武：久坂の本名、玄瑞は通称。

貴殿の御尊名を伺いたい。
会津藩士 秋月胤《かず》栄《ひさ》でござる。
承《うけたまわ》った。秋月氏が申される勅命とはまことでござるか。
神明にかけてお誓い申す。まことのことでござる。
左様か。しからば、いたしかたない。引き上げるぞ！
久坂殿、それはあまりに。
やむを得ん。勅命には逆らえぬ。
引き上げじゃ！

※胤栄：秋月の本名、悌次郎は通称。

逆賊会津、薩摩め。今に見ておれ！
お～怖っ！
朱子学信者だからね。思い込みが激しいんだよ。

エピソード9
新撰組の池田屋襲撃で憤激！「朝敵」長州の大バクチ

逆賊※薩会、今に見ておれ！
なんか変ですよね！
長州を御所から追い出した薩摩と会津が逆賊って。
いいね、その違和感の中身を分析してみようか。
逆賊って意味は？

※薩会：薩摩と会津のこと。

そりゃ、天皇に逆らう悪い奴ってことです。
だよね。
見てきた通り、孝明天皇は幕府を倒そうなんて思っていない。
でも長州は倒幕にもって行こうとした。だから、天皇は怒った。
逆賊は天皇の意に従わない長州の方だ。
なのに、なぜ長州は自分達が逆賊だと考えず、天皇の意志に忠実な会津・薩摩を逆賊呼ばわりしたのか？
うーん。
幕府はまともに攘夷を実行しようとしてない。
でも自分達は真剣に実行しようとしている、からかな。
ですよね。
天皇は幕府を倒そうなんて思ってないんだから。
その通り。けど、それは一方的な思い込みだろ？
長州は、一方的な思い込みをする体質がある。僕はそれを、
「長州ファナティック」と呼んでいる。狂信的な熱情も歴史を動かす。愚者が歴史を動かすようにね。

あの「八月十八日の政変」から一年後の京都に行ってみよう。
はい。
1864(元治元)年7月19日
京都 御所
わぁぁぁ
おおおお
長州遊撃隊総督
来島《きじま》又《また》兵《べ》衛《え》
ひょっとして蛤《はまぐり》御《ご》門《もん》の変ですか?
よく知ってるね。

うおおお
禁門《きんもん》の変とも呼ばれ、会津と薩摩に京から追放された長州は、軍事力によって状況を変えようとした。
だから御所に攻め込んだ。
長州にしてみれば「天皇は逆臣によって取り込まれている」、だから「解放してさし上げる」。
「我々こそ正義の軍」ということだね。
そんなバカな。孝明天皇が聞いたら怒りますよ。でも長州が勝っちゃいそうですね。
大丈夫、と言うのも変だけど、間もなく頼もしい援軍が駆けつけるから。
ダダ

どど
あっ、西郷隆盛だ。復帰してたんですか?
西郷の人望と影響力は薩摩に欠かせないと、大久保利通が国父島津久光を説得した。
久光はずいぶん渋ったけど、結局は受け入れた。
ふーん、やっぱりさすがですね。
川路《かわじ》どん。
長州ば大将、狙えるか?
お任せたもんせ。
薩摩藩士
川路利《とし》良《よし》

チャッ
ドン!
叔父上!
来島又兵衛の甥
喜多村武七
ダッ

お気を確かに!
武七、わしはもうだめだ。介錯を頼む。
わしに代わってきっと逆賊薩会を討ち果たしてくれ。
神明《しんめい》に誓って必ずや討ち果たします。
頼んだぞ。
総大将が討ち取られ、長州軍は敗走し壊滅した。
惨敗と言っていいだろうね。戻ろう。
さっきのシーン、
長州の指揮官来島又兵衛は完全に油断していたね。

あの撃たれた人ですか?
そう。
火縄銃なら、あの距離では届かないし、万一届いても鎧で防御できる。
弾丸は勢いを失うからね。でも新式銃は違う。島津斉彬《なりあきら》の調練を見ただろ。
そうか、鎧兜の時代は終わってるんだ。
西郷は軽装でしたね。
新式銃の前には戦国以来の鎧兜は意味がない。
それを悟った人間と悟らない人間。この区別も歴史を見るポイントだ。
そういえば、高杉晋作はどうしたんですか? 久坂《くさか》玄瑞《げんずい》は?
高杉は出兵絶対反対で不参加。久坂は慎重論だったけど、参加して自害。
桂小五郎は、反対してたのに止められなかった。
禁門の変の一か月ほど前、長州を憤激させる事件があったんだ。
新撰組の池田屋襲撃だよ。

あ、
何度もドラマで観ました。近藤勇《いさみ》とか土方《ひじかた》歳三《としぞう》とか沖田総司《そうじ》とか、このタイミングだったんですね。
そう、勤王浪士つまり長州藩を応援する攘夷派の浪士達が会合していた池田屋に、会津藩お抱えの新撰組が逮捕捕縛に向かった。
浪士らは抵抗し、ほとんどが斬り殺された。これが長州藩を憤激させた。
池田屋に集まった人達は何をしようとしてたんですか？
新撰組の主張によれば、彼らは「御所に放火し、中川宮《なかがわのみや》を軟禁。京都守護職松平容保《かたもり》を暗殺し、孝明天皇を長州へ動座《どうざ》させる」。
つまりテロによる「天皇奪取作戦」だね。
主張によればって…違う見解もあるんですか？
いいセンスだ。それは新撰組のデッチ上げで、彼らはそこまで考えてなかったとする説もある。
まあ、そう言っているのは長州ファナティックに強く影響を受けているからだけどね。

実は来島又兵衛も島津久光暗殺を計画したことがあったというから、そう考えても不思議はないと思う。
ところで、さっき見てきた戦いは歴史上、何と呼ばれてたっけ？
何って、「蛤御門の変」あるいは「禁門の変」でしょ。
その呼び方、おかしくない？
禁門が？
それは御所の門という意味だよ。
問題は「変」の方。「変」とは、政治変革の陰謀事件か、「本能寺の変」のように政権担当者が倒された戦いのこと。
これは長州と会津・薩摩が正面からぶつかった戦争。だから「変」ではなく「長州の乱」と呼ぶべきなんだよ。
それなのになぜ「変」とするのか。
ひょっとして、それも長州が最終的に勝ったからですか？
そうだろうね。この時点で、長州は御所に向かって発砲したんだから、朝敵つまり天皇の敵。絶対悪だ。
ところがこの後、大逆転が起きて長州は朝敵ではなくなる。

そして明治維新は彼ら長州の手で成し遂げられる。その時点で「昔は朝敵だった」という事実を消したかったんだろうね。
教科書には、長州が「朝敵」だなんて、載ってませんよ。そうか、そういう教科書も彼らの手によって作られたんですね。
その通り。どれほど長州が孝明天皇に嫌われていたか…
そうだ、あれを見ておくのもいいかもしれないな。
?
カチャ
1863(文久3)年10月9日
京　会津藩本陣

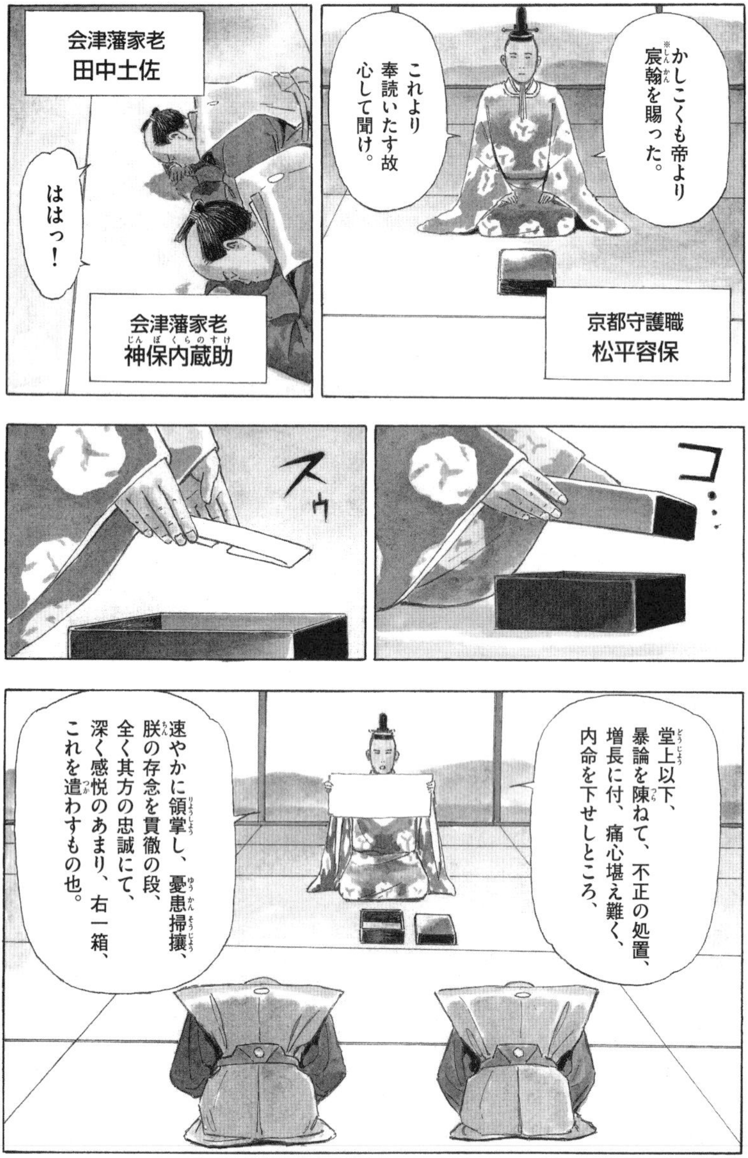

かしこくも帝より
※宸翰《しんかん》を賜った。
これより奉読いたす故心して聞け。
京都守護職
松平容保
会津藩家老
田中土佐
ははっ！
会津藩家老
神保内蔵助《じんぼくらのすけ》
コ…
スゥ
堂上《どうじょう》以下、暴論を陳《つら》ねて、不正の処置、増長に付、痛心堪え難く、内命を下せしところ、
速やかに領掌《りょうしょう》し、朕《ちん》の存念を貫徹の段、憂患掃攘《ゆうかんそうじょう》、全く其方の忠誠にて、深く感悦のあまり、右一箱、これを遣《つか》わすもの也。

※宸翰：天皇自筆の文書

※天皇の和歌

堂上とは公家のことだ。三条実美《さねとみ》のような連中が増長し幕府を倒すなどという暴論を唱えて私は心を痛めていた。
何とかせよ容保と、お前に内命を下したところ、速やかに事態を解決してくれた。まったく嬉しいことだ。それ故、この御製《※ぎょせい》を遣わす、という内容だ。
「八月十八日の政変」で、長州や三条一派を松平容保が一掃してくれたことに対する天皇直筆の感謝状だ。
極めて異例だね。
滅多にないことなんですか?
ないない。
歴史上初めてと言ってもいい。いかに天皇が長州を憎み、会津を頼りにしていたか分かるだろ。
なるほど、納得です。
戻ろうか。

とにかく長州は「八月十八日の政変」で京を追われ、失地回復しようと「長州の乱」と呼ぶべき大バクチを打ったが、これも大失敗に終わった。
そこでこの際、討幕を狙う長州を叩き潰そうと、幕府は孝明天皇に願って「朝敵長州を征伐してよし」という許可をもらった。
この時点で幕府は「官軍」だ。長州を滅ぼすために、十数万の軍勢を集めた。
長州、ヤバいじゃないですか。
それだけじゃない。関門海峡で無差別砲撃をした長州藩を懲らしめようと、
イギリス、フランス、アメリカ、オランダの四か国が連合艦隊を組んで下関に向かっている。
イギリスの指揮官は薩英戦争の時のキューパー提督だ。

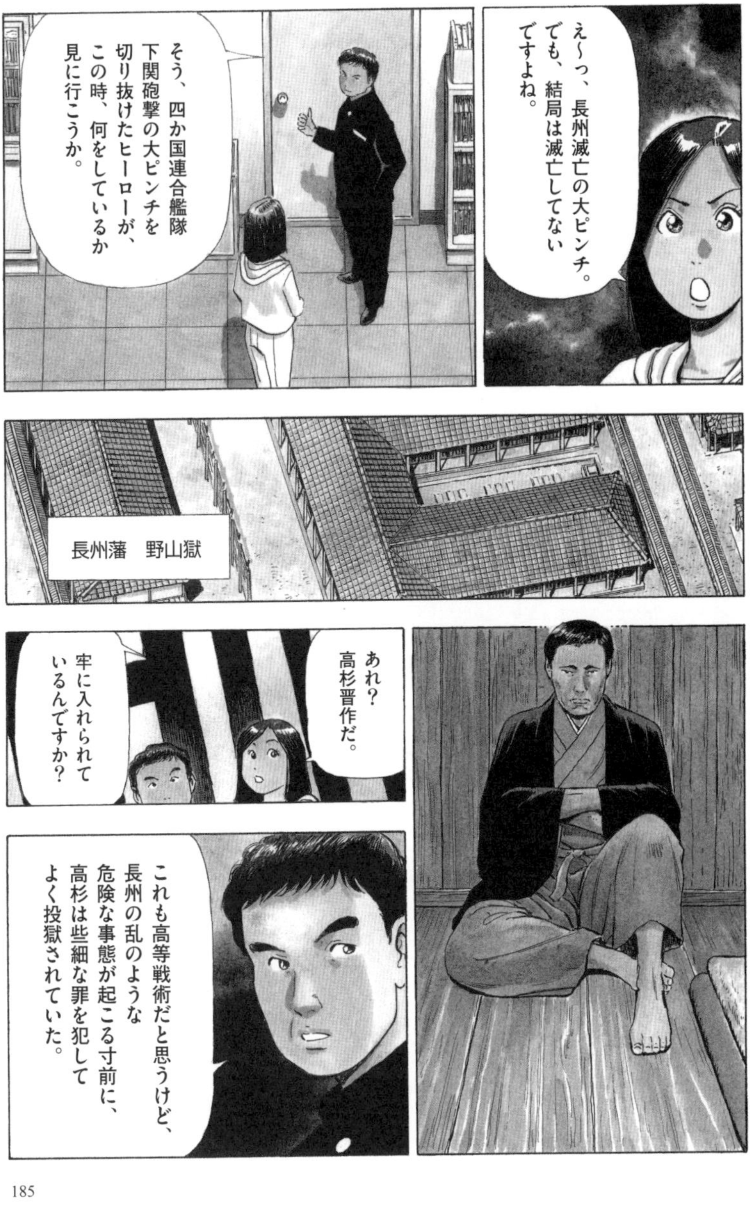
え〜っ、長州滅亡の大ピンチ。でも、結局は滅亡してないですよね。
そう、四か国連合艦隊下関砲撃の大ピンチを切り抜けたヒーローが、この時、何をしているか見に行こうか。
長州藩　野山獄
あれ？高杉晋作だ。
牢に入れられているんですか？
これも高等戦術だと思うけど、長州の乱のような危険な事態が起こる寸前に、高杉は些細な罪を犯してよく投獄されていた。

今回も脱藩の罪のため、「長州の乱」に参加せずに済んだ。
そういうことか。残りの二人は誰です？一人は伊藤俊輔かな？
そう。高杉と桂小五郎の尽力でイギリスに留学していた伊藤俊輔こと、後の内閣総理大臣伊藤博文と、
井上聞多《もんた》こと、後の井上馨《かおる》外務大臣だよ。長州滅亡の危機にロンドンから慌てて戻ってきたんだ。
高杉に出馬要請に来たのさ。今こそ立つべきだと。
両君の言い分はよく分かったが、僕はここを出る気はない。
高杉さん！我が藩存亡の危機ですよ！
長州藩士
伊藤俊輔

俊輔、そもそもなぜこんなことになった。
それは、その…
頭の固い奴らが刀や槍で異国人を追い払えると信じたからだろう。
あいつらの目はまだ覚めていない。
今ここで出ていっても、あいつらに殺されるだけだ。あの中島名左衛門のようにな。
では、高杉君。どうしようというのだ。
長州藩士 井上聞多
放っておく。
薩摩のように一度エゲレスやフランスと戦えばよい。そして西洋列強の力を思い知ればよい。それからだ、僕の出番は。

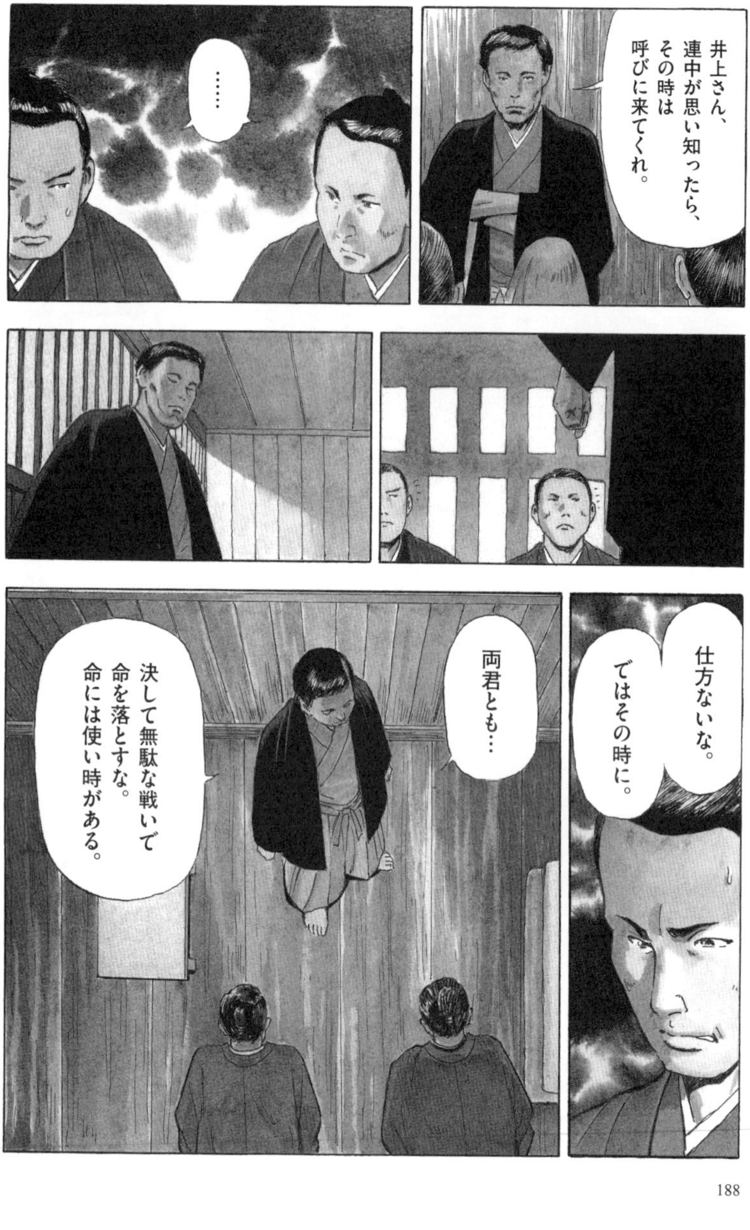
井上さん、連中が思い知ったら、その時は呼びに来てくれ。
……
仕方ないな。ではその時に。
両君とも…
決して無駄な戦いで命を落とすな。命には使い時がある。

どう？感想は？
う〜〜〜ん…
理屈としては分かるんですけど、このままじゃ欧米との戦いが始まっちゃいますよね。
始まっちゃった。
そして薩摩と同じように長州は完全に敗北した。
刀槍で外国人を追い払えると信じていた朱子学バカ達は、真っ先に突撃して近代兵器の餌食になった。
おそらくそれも高杉の計算に入っていた。
そこでやっと外国艦隊には勝てないから講和を結ぼうということになり、高杉の出番が来た。
井上が藩主に進言し、高杉は家老の身分を与えられて講和交渉を見事に成功させた。

めでたし
めでたし、
じゃないですか。
ところがその直後、
高杉や伊藤・井上は、
同じ藩内の人間に
命を狙われた。
えーっ、藩を救った
ヒーローなのに!?
外国と講和するなど許さん
という連中がまだまだ
大勢いたんだよ。
ダメだ、こりゃ。

エピソード10
長州征伐の“軍師”西郷隆盛を動かした勝海舟との会談

長州藩の状況をまとめておこうか。
長州は、自分達を支持していると思い込み、孝明天皇が過激行動に出て、武力攘夷という過激行動に出て、それを実行しない幕府を倒そうと計画した。
しかし攘夷は望むが倒幕など考えていない天皇は怒り、会津薩摩を動かして長州を京都から追い出した。
長州
天皇
会津 薩
逆恨みした長州は、形勢を逆転しようと天皇奪還を謀《はか》り「禁門の変」、じゃなかった「長州の乱」を仕掛けるも失敗。かえって窮地に追い込まれた。
ってことですよね？

そう、そして窮地は二つ。
一つは、長州の乱に怒った天皇が、一橋慶喜《よしのぶ》の要請を受け、「長州征伐」を命令。長州が「朝敵」になったこと。
もう一つは関門海峡での外国船無差別砲撃の報復で、四か国連合艦隊が下関を襲撃したこと。
これは高杉晋作が伊藤俊輔らに頼まれ、講和に持ち込んだ。そして、要求された※賠償金は、長州じゃなく幕府から取れと主張した。
そんな主張が通るんですか?
高杉は、幕府の攘夷命令書を持って行き、我々は実行しただけだと主張したんだよ。
要求する側も、長州より幕府相手の方が高額にできるし、取りっぱぐれもない。そう考えるだろうと高杉も読んでいた。
これで窮地の一つは逃れた。
長州
天皇
さすが高杉晋作。
しかし、まだ幕府軍十数万が天皇の命令という「錦の御旗」を得て、朝敵長州を征伐に向かわんとしている。
それも高杉がかわした?
それはさすがに無理だよ。けど思いも寄らぬところから援軍が現れたんだ。

※この時の賠償金300万ドルは、幕府が滅んだ後も残額150万ドルを明治新政府が払うこととなった。

思いも寄らぬ…援軍ですか？
そう、まずは尊王の長州が、なぜ朝敵になってしまったのか？確認しておこう。
それは…
先生の言う「一方的思い込み」が原因ですよね。自分達は「正しい」んだから、天皇も支持するはずだっていう。
そう、「長州ファナティック」だね。
それこそが朱子学と神道が合体した日本的朱子学の最大の問題点なんだ。
それを知っていると、
日本史の真髄がより深く理解できる。
典型的な現場を見に行ってみようか。
？
1936(昭和11)年2月26日
東京

キィ
ザッ ザッ
ドタドタドタドタ
!?
何事だ!
大蔵大臣
高橋是清《これきよ》
問答無用!
撃て!
ダダダ

皇居
決起に加わったのは、歩兵第一連隊、歩兵第三連隊、近衛歩兵第三連隊、野戦重砲兵第七連隊の一部の将校・兵およそ千五百名でございます。
総理大臣官邸、大蔵大臣と内大臣の私邸、侍従長官邸など、複数の拠点を襲撃し、高橋蔵相、斎藤内相は即死。岡田総理は生死不明でございます。
鈴木はいかがした?
昭和天皇
侍従長も現在のところ消息不明でございます。
本庄繁
侍従武官長

そうか。総理ともども一刻も早く安否を確認せよ。
畏《かしこ》まりました。
ところで陛下、決起部隊に対する御言葉の件でございますが。
たわけたことを申すな!
!
決起だと?朕《ちん》が最も信頼する老臣を殺傷することは、真綿にて我が首を絞めるに等しい行為ではないか。
これは朕に対する反乱である。
直ちに鎮圧せよ!陸軍がやらないというなら朕自ら近衛兵を率いて鎮圧にあたる。
ははっ!直ちに鎮圧致させます!

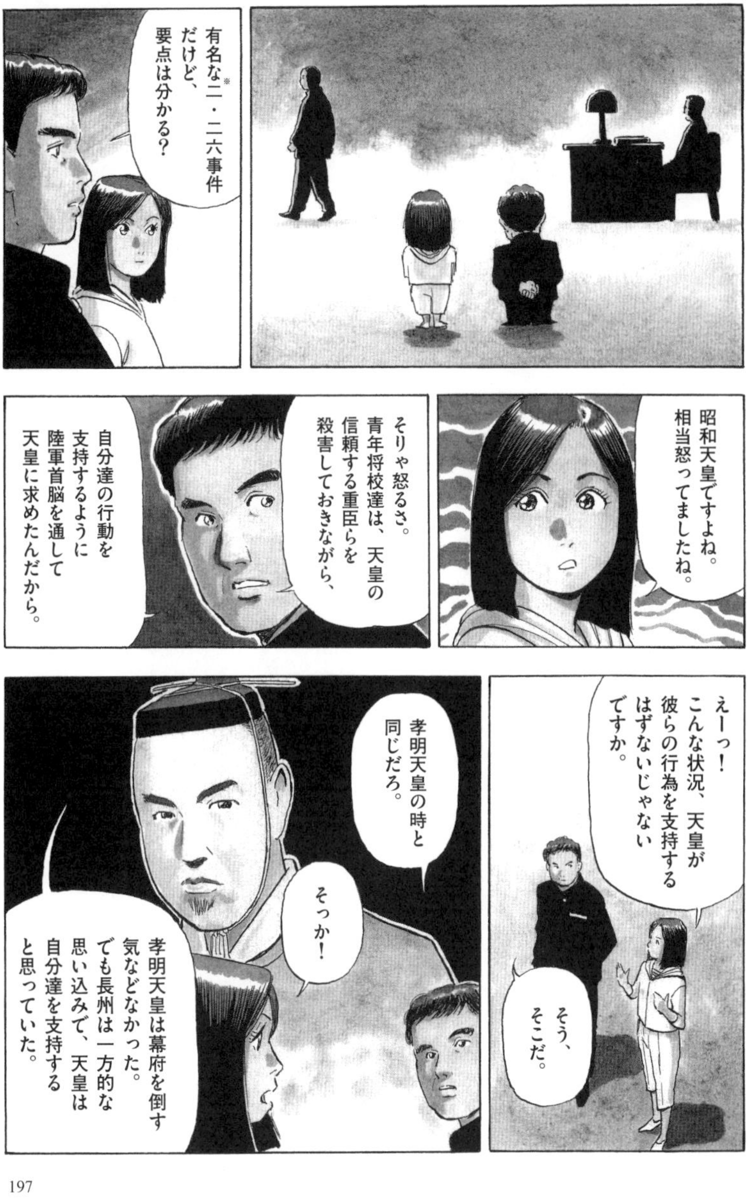
有名な※二・二六事件だけど、要点は分かる？
昭和天皇ですよね。相当怒ってましたね。
そりゃ怒るさ。青年将校達は、天皇の信頼する重臣らを殺害しておきながら、
自分達の行動を支持するように陸軍首脳を通して天皇に求めたんだから。
えーっ！こんな状況、天皇が彼らの行為を支持するはずないじゃないですか。
そう、そこだ。
孝明天皇の時と同じだろ。
そっか！
孝明天皇は幕府を倒す気などなかった。でも長州は一方的な思い込みで、天皇は自分達を支持すると思っていた。

※二・二六事件：1936（昭和11）年2月26日の早朝に起きた、陸軍皇道派青年将校によるクーデター事件。

昭和天皇も政府を潰す気などなかった。でも青年将校達は天皇は自分達を支持すると思い込んでいた。
青年将校だけでなく陸軍の上層部も、そう思っていたってことさ。高橋蔵相の殺され方も何か思い出すだろ?
あ! 中島名左衛門!
寄ってたかってなぶり殺し、だ。
日本陸軍の悪いところは「※長州の悪性遺伝」だと、国民作家の司馬遼太郎は指摘している。
ちょっと問題のある表現だけど、言いたいことは分かるだろう。
さらに司馬はエッセーで1945(昭和20)年の敗戦後に、有名な日本人中国学者が「宋学(たとえば朱子学)が、※国をほろぼした」と発言したことを紹介している。
それが先生の言う「長州ファナティック」なんですね。
プロの歴史学者は幕末史と近代史の専門家が別だから、こうした時代を通した日本史の問題点に気がつかない。

※『日本歴史を点検する 対談 海音寺潮五郎/司馬遼太郎』所収「イデオロギーと術」(講談社刊)。

※『この国のかたち 三』(文藝春秋刊)。

まさに「歴史は繰り返す」なんだけどね。
——さあ、次に移動するよ。
少しは気持ちのいいシーンも見たいだろ。
あ、いいですね。
1858年(安政5)3月
長崎海軍伝習所所属
ヤーパン号(後の咸臨丸《かんりんまる》)
カピタン(艦長)、鹿児島湾に入るんですか?
習ったことを忘れたか。
勝手に軍艦が他国の湾に入ることは戦争行為とみなされることもある。湾内の地形は軍事機密だからな。反転して帰投する。
艦長　勝海舟

カピタン！
2時の方向に
小型船！
薩摩の
船のようです。
薩摩藩士
小松帯刀《たてわき》
おいでな
すったか。
薩摩藩の方と
お見受け致す！
これは幕府海軍の
練習船ヤーパン号。
拙者は
船将の勝義邦《よしくに》※
にござる。

※勝義邦：通称は麟太郎。昇進して安房守《あわのかみ》を名乗るが、明治維新後に安芳《やすよし》と改称。海舟は号。

貴藩の領内に立ち入る気は毛頭ござらん。直ちに反転し帰投する。どうか御懸念なきよう。
御挨拶痛み入る。拙者薩摩藩奥小姓※小松清廉《きよかど》にござる。
我が主君からの伝言がありもうす。
承ろう。
ぜひ鹿児島に上陸され当藩の製鉄所、反射炉等を見学されたい。歓迎するとのことでござる。
おい。
軍事機密を見せてくれるとよ。
ここの殿様太っ腹だぜ。
薩摩藩
※集成館

※小松清廉：通称、帯刀。後の薩摩藩家老。

※集成館：島津斉彬《なりあきら》が創設した近代工場群。製鉄所や兵器工廠《こうしょう》、ガラス工場などもあった。

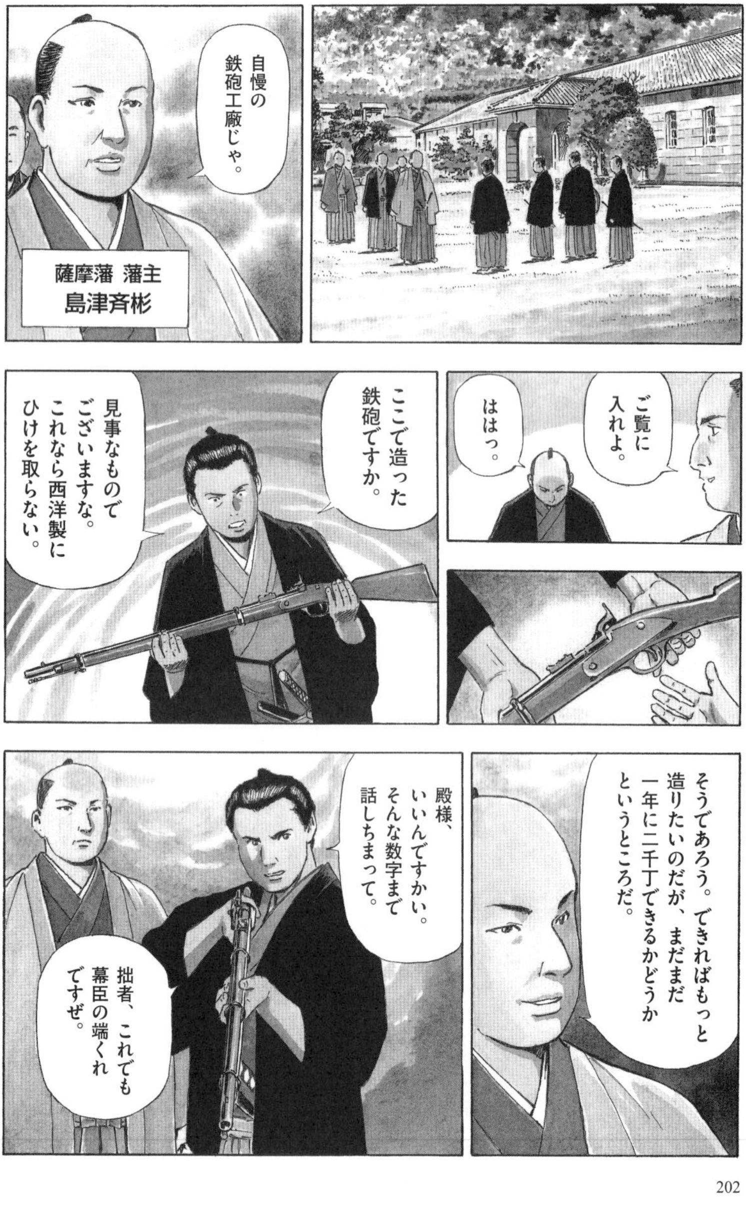
自慢の鉄砲工廠じゃ。
薩摩藩 藩主
島津斉彬
ご覧に入れよ。
ははっ。
ここで造った鉄砲ですか。
見事なものでございますな。これなら西洋製にひけを取らない。
そうであろう。できればもっと造りたいのだが、まだまだ一年に二千丁できるかどうかというところだ。
殿様、いいんですかい。そんな数字まで話しちまって。
拙者、これでも幕臣の端くれですぜ。

大名の跡継ぎは代々
※生まれも育ちも江戸。
旗本と同じだ。
我らは共に江戸っ子。
それだけではない。
西洋列強が我らの国の
脅威となった今、
幕府も薩摩もない。
我らは共に
日《ひ》の本《もと》の民だ。
そうではないか。
日本人って
ことですね。
ここは西洋の習慣、
※ハンドルックを
致さぬか。
スッ
承知
しました。
グッ

※大名の正夫人と嫡子は、幕府より江戸在住を義務づけられていた。

※オランダ語で「握手」のこと。

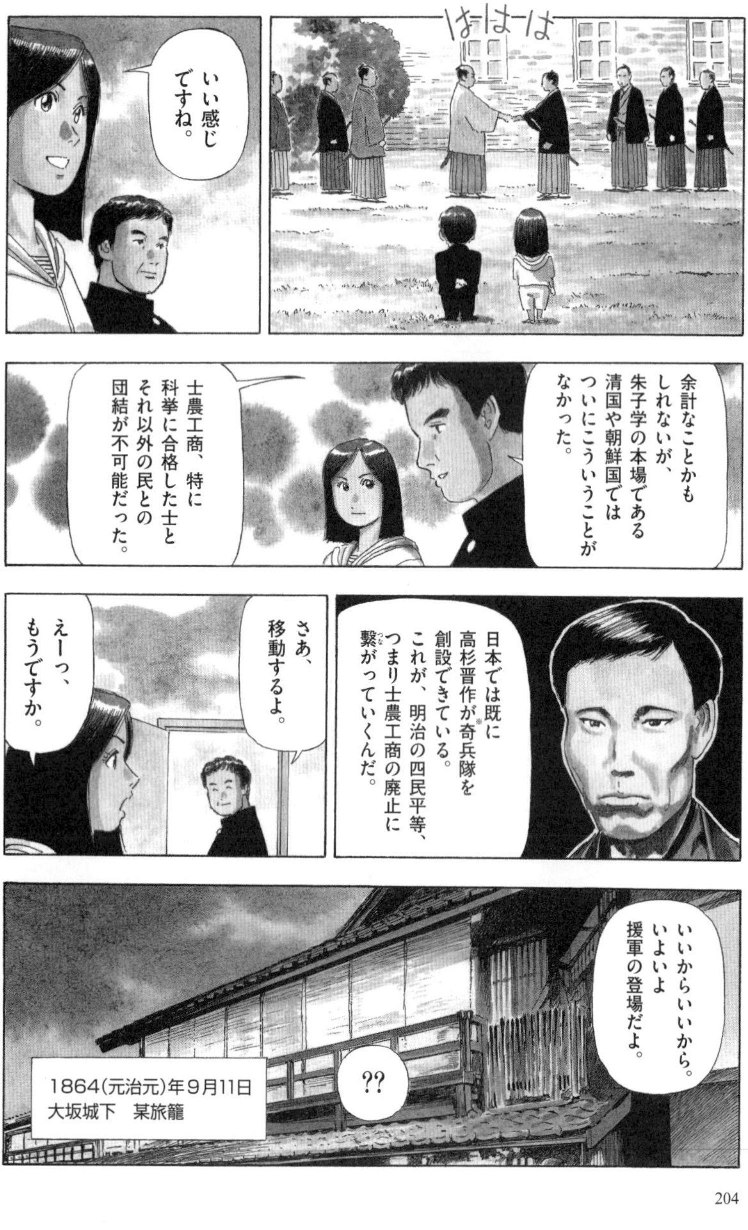
ははは
いい感じですね。
余計なことかもしれないが、朱子学の本場である清国や朝鮮国ではついにこういうことがなかった。
士農工商、特に科挙に合格した士とそれ以外の民との団結が不可能だった。
日本では既に高杉晋作が※奇兵隊を創設できている。これが、明治の四民平等、つまり士農工商の廃止に繋《つな》がっていくんだ。
さあ、移動するよ。
えーっ、もうですか。
いいからいいから。いよいよ援軍の登場だよ。
??
1864(元治元)年9月11日
大坂城下　某旅籠

※奇兵隊：1863(文久3)年に高杉晋作が創設した長州藩の民兵組織。

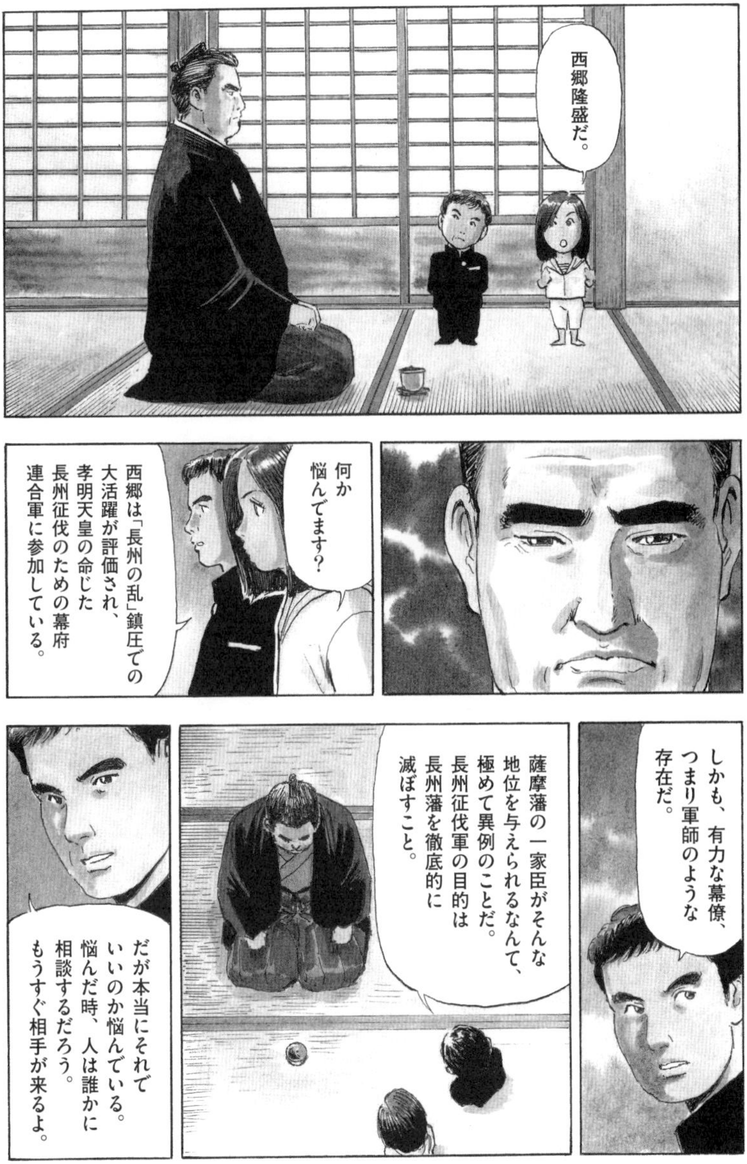
西郷隆盛だ。
何か悩んでます？
西郷は「長州の乱」鎮圧での大活躍が評価され、孝明天皇の命じた長州征伐のための幕府連合軍に参加している。
しかも、有力な幕僚、つまり軍師のような存在だ。
薩摩藩の一家臣がそんな地位を与えられるなんて、極めて異例のことだ。長州征伐軍の目的は長州藩を徹底的に滅ぼすこと。
だが本当にそれでいいのか悩んでいる。悩んだ時、人は誰かに相談するだろう。もうすぐ相手が来るよ。

すっ
お初にお目にかかりもす。薩摩藩島津家家臣西郷隆盛にごわす。
軍艦奉行の勝だ。
ここは城中じゃねえ。まあ、くつろいでくんな。
あんたのことは斉彬公からよく聞いてるぜ。ぜひ一度引き合わせたいと仰《おっしゃ》ってたが。
拙者も、勝殿こそ幕臣随一の人物だと先君から聞いておりもした。
で、今日は？
ただ挨拶に来たってわけじゃあるめえ。

ご賢察
恐れ入りもす。
実は長州征伐の
ことでござる。
我が薩摩も征伐軍に
参加しておりもすが、
今後いかように
致すべきかと…
あんたは
どうしたい？
まず、それを
聞こうか。
長州は畏《おそ》れ多くも
御所に攻め寄せた朝敵。
その罪は万死に値《あたい》しもす。
本来なら
滅ぼしてしまうのが、
道理ではござるが…
何か引っかかる
ってわけか。
そりゃそうだよ。
今は西洋列強が日本を
清国のようにして
しまおうと虎《こ》視《し》眈《たん》々《たん》と
狙ってる時だぜ。
内輪モメしてる場合
じゃねえ。あんたも
漁夫の利っていう
言葉を知らねえわけ
じゃあるめえ。
では、いかがすれば？
詔《みことのり》は既に下って
おりますが。
一滴の血も流さず
降伏させるんだ。
とはいっても首謀者の首
二つ三つは必要だろうが。
とにかく寛大な条件で
長州に兵力を
温存させる。

そんなことができましょうか？
※征伐軍の総大将は尾張公だったな。あれは話の分かる殿様だぜ。
一度、腹を割って話してみるといい。
…では、左様に。
聞いておきたいんだが、あんたは結局どうしたいんだい、この国を？
と申されますと。
西洋列強に負けない国家にするのが急務だが、それをどうやって達成するかってことさ。
……
ここだけの話だぜ。
カッ

※尾張公：徳川御三家の一つ。尾張徳川家の当主徳川慶勝《よしかつ》。

幕府はもうダメかもしれねえ。古くなり過ぎた。ここは、有力大名が連合を組んで共和政治ってやつを実現するしかねえ。
だとしたら、今は憎み合ってる薩摩と長州も将来は仲間だ。寛大な条件で戦《いくさ》を終わらせて長州に恩を売っておくのが、得策だぜ。
………
勝先生、分かり申した。目の前が開けた思いでごわす。
?

初めて斉彬公にお会いした時、お互い日の本の民だ、
幕府も薩摩もない、ハンドルックしようと仰った。
しようぜ、西郷どん。
グッ
？
どうした？泣いたりして。
先君は生きておられました、勝先生の中に。
なるほど。長州のピンチを救った「思いも寄らぬ援軍」って、このことだったんですね。
その通り！まさに歴史の分岐点！　だね。

エピソード11
長州を明治維新の主役にした
高杉晋作のクーデター
幕末史は、長州という複雑な藩をどれだけ理解できるかが、解明のポイントだって分かったと思うけど…
さて、ここで問題。
長州藩には、薩摩藩や土佐藩、幕府にすらない、ある特徴があるって気がついたかな？
え？
「長州ファナティック」じゃないんですか？独りよがりの思い込み。

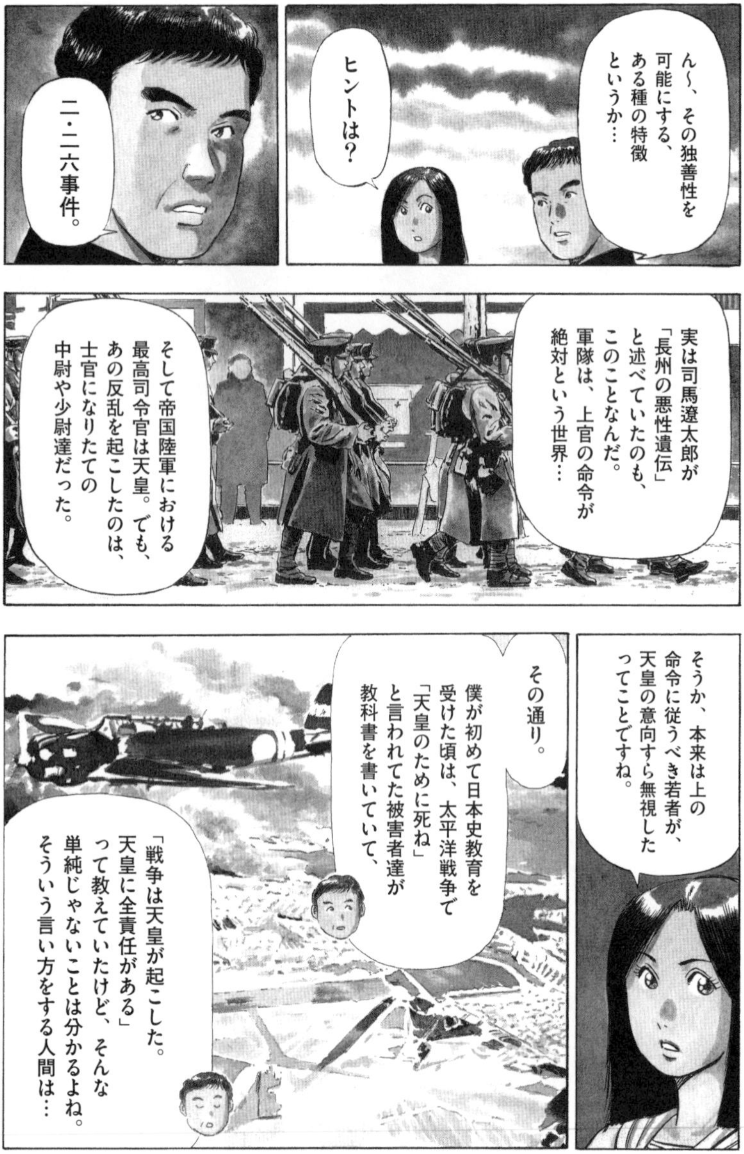
ん〜、その独善性を可能にする、ある種の特徴というか…
ヒントは？
二・二六事件。
実は司馬遼太郎が「長州の悪性遺伝」と述べていたのも、このことなんだ。軍隊は、上官の命令が絶対という世界…
そして帝国陸軍における最高司令官は天皇。でも、あの反乱を起こしたのは、士官になりたての中尉や少尉達だった。
そうか、本来は上の命令に従うべき若者が、天皇の意向すら無視したってことですね。
その通り。
僕が初めて日本史教育を受けた頃は、太平洋戦争で「天皇のために死ね」と言われてた被害者達が教科書を書いていて、
「戦争は天皇が起こした。天皇に全責任がある」って教えていたけど、そんな単純じゃないことは分かるよね。そういう言い方をする人間は…

日本史の真実が分かってない！
分かってきたねぇ。
キュ
それ、何ですか？
土佐藩の山内容堂が描いた絵だよ。

薩摩藩の島津久光と同様、元藩主で藩の「絶対君主」だった山内容堂が、長州藩とは何か、という問いに答えて描いた。
要するに、長州は下が何事も勝手に実行し、上は従うばかり、と。薩摩や土佐、いや長州以外では絶対にあり得ない現象だ。
久光はその気になれば、西郷をいつでも切腹させることができた。
どうして長州は違うんでしょう？
やはり吉田松陰の影響じゃないかな。「一君万民」、天皇の下ではすべて平等。
藩主も家臣もない。従うべきは「正義」だから、日本的民主主義の原点であることは間違いない。
これをもとに弟子の高杉晋作は奇兵隊、つまり士農工商にとらわれず、誰でも兵士になれる軍隊を創設した。
じゃ、いいことでもあるんですね。

平等主義だけならね。でも、それに朱子学の毒にまみれた「長州ファナティック」が加わるから、やっかいなことになる。
もちろん、悪いことばかりじゃない。
愚者が歴史を動かすように、歴史を動かす力にもなる。
それを見に行こう。
はい。
1864(元治元)年
12月15日
下関　功山寺
カッ

う〜っ、寒い〜っ。
高杉晋作は、どこに行くんですか？
第一次長州征伐後、全面降伏した長州藩内は、
※保守派が盛り返し、幕府に媚びて改革派を弾圧、藩を支配した。

※当時は保守派＝俗論党、改革派＝正義党と呼ばれた。

改革派の高杉は、それをひっくり返しに行くところだ。
たった八十四人でね。
敵は何人ですか。
長州軍全体だから、少なく見積もっても数千人はいた。
勝てるわけないですね。
ところが大逆転で勝った。藩内の人々は平等意識が高く、幕府に強い反感を持っている。
だから決起さえすれば、次々に賛同者が集まると読んだ。これが高杉の功山寺決起だ。
明治維新への流れを決定づけた一挙と言われている。
ふ〜ん、すごい。
さあ、次に行くよ。
えっ、もう？
今度は悪い方だけどね。
え〜〜〜？

讃岐《さぬき》国(香川県)
某所
チャン
チャーン
チャーン
あははは
……
高杉の愛人　おうの

何ですか、このバカ騒ぎ。
ヤケ酒を飲んでいるところだよ。功山寺決起から四か月後だけどね。
あれが高杉の愛人おうのだ。長州から四国の※パトロンを頼って逃げてきた。
ヤケ酒？長州のピンチを救ったヒーローでしょ？
もちろん。
まず四か国連合艦隊に攻撃された下関戦争で講和を成立させ、そして功山寺決起で長州を明治維新の主役にするクーデターを成し遂げた。
さらに、この後には、幕府の第二次長州征伐を見事にはねのけている。
高杉がいなければ長州はない。しかし、そんな男を一部の長州人は寄ってたかって殺そうとした。
えっ、どうしてですか？
高杉が藩の財力強化のため、下関を開港して国際貿易に踏み切ろうとしたからだよ。

※日柳燕石《くさなぎえんせき》：讃岐の勤王家。志士達を匿《かくま》い投獄される。戊辰戦争従軍中に病死。

攘夷派は、神聖な日本の土地に異国人を上陸させるなど許せんと…
中島名左衛門のように殺そうとした。
君が高杉ならどう思う?
バカらしくてやってられないです。飲みたくもなりますよ。
そう、誰だってこうなるだろうね。
この後はどうなったんですか、高杉は?
強い味方がいた。桂小五郎だ。彼は天性の政治家でクーデターは苦手だが、平時のまとめ役としては右に出る者がいない。
よかった。長州人ってバカな人が多かったんですね。
薩長同盟だって桂がいなければ成功しなかっただろう。彼が何とか藩内をまとめて高杉を呼び戻したんだよ。
それを明治維新の時は、誰も言えなかった。政府も文部省も長州人に文句を言えない。
だから彼らのバカさ加減が教科書から削られ、その代わりに高杉は「遊び人」だったことにされてしまった。

そういうことか。
研究所に戻ろう。
長州の複雑さが少しは分かったような気がします。
コポポ
ありがとう。
これも司馬遼太郎のセリフだが、※「展望を誤った暴発を連続してやって、その暴発が偶然、入るべからざる穴に入ったパチンコ玉が
明治維新ということになって成功、いや奇蹟の結果を生む」ということなのさ。
人間、自分がバカだったということは隠したい。だから「禁門の変」と言い換え、自分達が朝敵だったことも、
攘夷という実行不能な妄念に惑わされて、英雄高杉晋作を何度も殺そうとしたことも隠してしまった。それどころか、「攘夷は建前、本音は開国」などと言い出した。

※『日本歴史を点検する　対談　海音寺潮五郎／司馬遼太郎』（講談社刊）。

まさに、後出しジャンケン！
その通り。
じゃあ薩摩に話を戻そう。
明治維新の主力となったのは長州と薩摩だ。
長州にとって、倒幕は関ヶ原からの目標だが、薩摩にとっては違う。
薩英戦争で攘夷は不可能と目が覚めはしたが、倒幕という考えは、当初はなかった。だから一時は幕府側の会津と組んで長州を京から追い出した。
でも…なぜ、最終的に倒幕派になったんですか？
まず、同じ関ヶ原負け組である薩摩が、初めはなぜ幕府を支持したのか…
それは薩摩藩最高実力者の島津久光が「祖法《そほう》」を守る保守主義者で、幕府政治でいいと考えていたから。
ところがある時、久光の考えが百八十度変わった。「飲み会」の席でね。

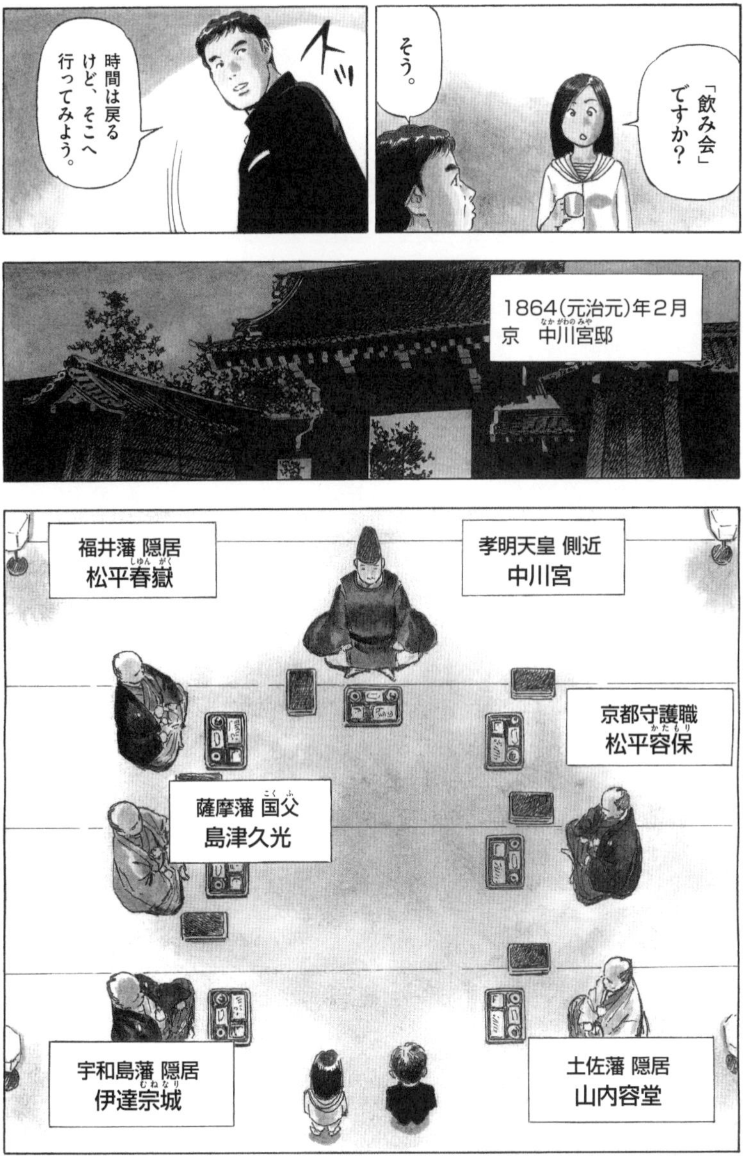
「飲み会」ですか？
そう。
時間は戻るけど、そこへ行ってみよう。
1864(元治元)年2月
京　中川宮邸《なかがわのみや》
孝明天皇 側近
中川宮
福井藩 隠居
松平春《しゅん》嶽《がく》
京都守護職
松平容保《かたもり》
薩摩藩 国父《こくふ》
島津久光
土佐藩 隠居
山内容堂
宇和島藩 隠居
伊達宗城《むねなり》

今宵は遠慮のう、飲んでたもれ。無礼講じゃ。
恐れ入ります。
さすが京の酒。美味でござる。
島津は焼酎とやらが好みかのう。
とんでもござらん。あれは賤《じゃ》しき酒にて、ただ酔うためのものでござる。
いい雰囲気じゃないですか。
八月十八日の政変の後、朝廷主導で国を動かそうと、中川宮は天皇の了解のもと、
数人の有力大名や実力者を選んで参与とし、会議を立ち上げた。
しかし、うまくいかないのでメンバーを集めて結束を図っているところさ。

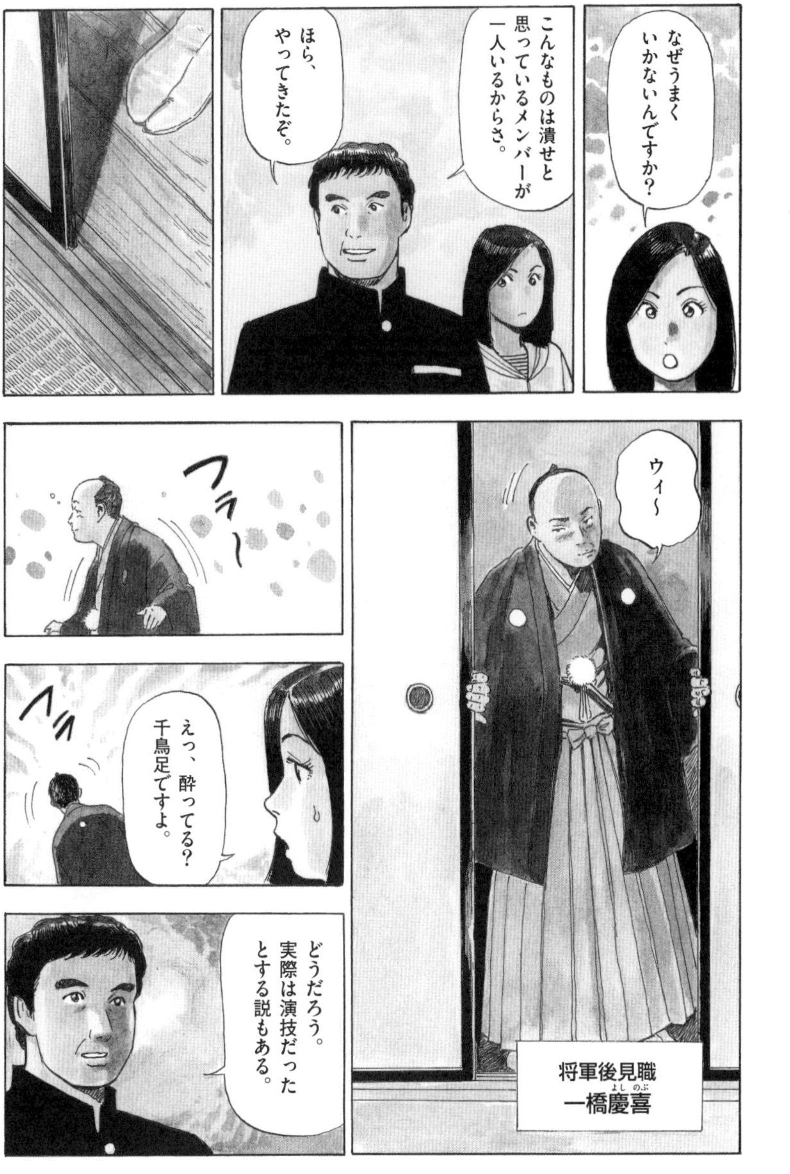
なぜうまく
いかないんですか？
こんなものは潰せと
思っているメンバーが
一人いるからさ。
ほら、
やってきたぞ。
ウィ〜
将軍後見職
一橋慶喜《よしのぶ》
フラ〜
ヘラ
えっ、酔ってる？
千鳥足ですよ。
どうだろう。
実際は演技だった
とする説もある。

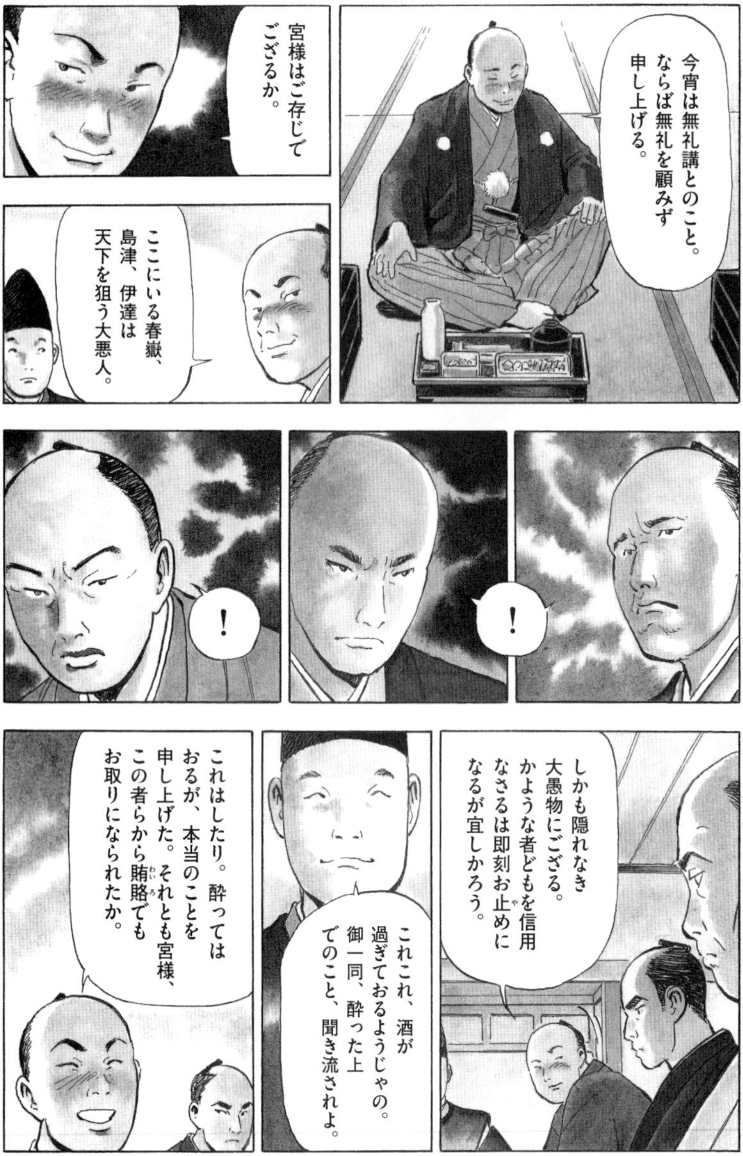
今宵は無礼講とのこと。
ならば無礼を顧みず
申し上げる。
宮様はご存じで
ござるか。
ここにいる春嶽、
島津、伊達は
天下を狙う大悪人。
!
!
しかも隠れなき
大愚物にござる。
かような者どもを信用
なさるは即刻お止《や》めに
なるが宜しかろう。
これこれ、酒が
過ぎておるようじゃの。
御一同、酔った上
でのこと、聞き流されよ。
これはしたり。酔っては
おるが、本当のことを
申し上げた。それとも宮様、
この者らから賄賂《わいろ》でも
お取りになられたか。

何を申す、無礼な！
図星でござったか…これはいかんいかん！
退散！退散！
みんな怒っちゃった。どうしてあんなことを？
彼は長州人と似ている。頭はいいが、思い込みが激しい。

有力諸侯の参与会議成立に最も貢献したのは島津久光だ。
帰りに生麦《なまむぎ》事件が起きた江戸行きで、久光は桜田門外の変の後始末をした。
失脚していた慶喜を将軍後見職にしたのも久光の力。そのことで天皇に信頼され、藩主でもないのに、久光はこの会議の有力メンバーになった。
ところが、慶喜はそれが気に入らない。
どうして?
久光のおかげで政治の中央に戻れたんでしょ?
それが気に入らないんだ。
彼はサラブレッドだ。将軍候補でもあったからね。
その目から見れば、久光なんて、藩主ですらない。
まさに「地五郎」だ。そんな男に政治を操られ、会議では主導権を握られそうになっている。

そんなことはエリートのプライドが許さない。
だから泥酔したふりをして会合をぶち壊したのさ。
ちっちゃ〜い！もうちょっと立派な人だと思ってたのに。
君が久光ならどう思う？
せっかく復帰させてやったのに、恩を忘れやがって——、ってとこかな。
ところが、その一橋慶喜が十五代将軍になっちゃった。
薩摩藩はどうする？
慶喜なんかと一緒になんて、無理ですよ。
だから……倒幕なんですね。
皮肉なことに慶喜も久光と同じで、「愚者が歴史を動かす」というグループの仲間なのさ。

慶喜は、幕府を本当に潰したくなければ、久光と組むべきだった。久光は保守で、孝明天皇と同じく保守で、幕府を滅ぼそうとは考えていなかった。
それこそ副将軍にでも抜擢すればよかった。けど、逆になった。この先の歴史は覚えてるよね。
長州と薩摩が同盟を組んで幕府を滅ぼすんですよね。
ところが、実際はそう…すんなりとはいかなかった。
長州藩が倒幕に踏み切ることも、薩長が同盟を組むこともね。
何でですか？
だって孝明天皇は幕府絶対支持で「長州を滅ぼせ」派だからだよ。
じゃ、どうして歴史は孝明天皇の思いと、逆の方向になったんですか？
ニヤ
あ〜〜〜〜っ！

逆説コラム3　時代劇の人気キャラ「月形半平太」のモデルは誰か？

月形《つきがた》半平太といっても、若い人はその名を知らないだろう。

劇作家行友李風《ゆきともりふう》が新国劇のために創造した架空の人物だ。勤皇の志士で、薩長同盟結成のために奔走する剣の達人である。人気のキャラクターで、昔の時代劇映画では、もう一人の架空人物鞍馬天狗《くらまてんぐ》と共に常連であった。「月さま、雨が」「春雨じゃ、濡れて行こう」の名セリフは、誰でも知っていた。

そのモデルは土佐勤王党の武市瑞山《たけちずいざん》（通称は半平太）だとされていたのだが、他ならぬ私が「モデルというなら福岡藩士の月形洗蔵《せんぞう》（諱《いみな》は詳《つばら》　1828～1865年）ではないか」とあちこちで吹聴したので、最近は月形と武市の二人がモデルという説（異説もある）が一般的になってきた。

しかし、私は武市からは「半平太」という名前をもらっただけで、モデルは月形洗蔵だと言い切っていいと考える。なぜなら月形は最初に薩摩と長州を結びつけようとした人間だったからだ。

本編を読んでいただければ分かるように、薩長同盟の結成には極めて大きな障害があった。「禁門の変」で双方が殺しあったことである。通常なら両藩を結びつけるなど考えられない。ところが、月形の主君の福岡藩主黒田長溥《ながひろ》は養子で、実父はなんと薩摩藩主島津重豪《しげひで》（エピソード4と「江戸大改革編」エピソード15に登場）であったので、福岡藩士と薩摩藩士は深い交流があった。そして月形は長州藩士とも親しかった。全国でそんな立場にあった男は月形だけだ。

だからこそ、月形は自分なら薩長を結びつけられると思ったのだろう。その過程で坂本龍馬の親友である中岡慎太郎とも親しくなった。中岡はこの時点で長州の代理人の立場にいた。

ところが、黒田長溥はこの月形の一党を反逆者として全員処刑してしまった。そこで、その遺志を継ぐ形で、中岡と龍馬は薩長同盟結成に動いた。

昔は龍馬は有名ではなく、それ故に「ドラマ」では月形半平太が活躍したのだが、龍馬の功績が広く知られるようになると、彼の出番はなくなった。そして月形洗蔵の功績も忘れ去られてしまったのである。

逆説コラム4 誰が決めたか幕末の名君「幕末四賢侯」に異議あり

誰が決めたのかは定かではないのだが、昔から「幕末四賢侯（四賢侯）」と呼ばれる大名がいる。福井藩主松平慶永《よしなが》（春嶽《しゅんがく》）、宇和島藩主伊達宗城《むねなり》、土佐藩主山内容堂《ようどう》、薩摩藩主島津斉彬《なりあきら》の四人で、要するに、この時代の「名君」ということだ。

まず、島津斉彬は問題ない。松平慶永も坂本龍馬を可愛がり、幕府の神戸海軍操練所の設立資金を出すなど維新に貢献したし、伊達宗城も長州から村田蔵六（大村益次郎）を招いて藩の近代化に努めた。

だから、この三人はいいとしても、山内容堂はいただけないと、私は考える。

「家臣」には恵まれた。坂本龍馬も中岡慎太郎も後藤象二郎もそうだ。特に、薩長同盟を成立させた龍馬の功績は大きいが、別に容堂がそれを指示したわけではない。大政奉還も、幕府に建白したのは容堂だが、アイデアを出したのは龍馬だ。容堂自身の見識ではない。

四賢侯の中に長州藩主（毛利敬親《たかちか》）が選ばれていないのにお気づきだろうか？ 維新は桂小五郎（木戸孝允）や高杉晋作や伊藤俊輔（博文）がやったことで、藩主は「神輿《みこし》に乗っただけ」という評価だからだ。しかし、これは不当な評価だと思う。

毛利敬親は何事も家臣任せで「そうせい（そのようにしろ）」が口癖だったから、「そうせい侯」などと悪口を言われたが、家臣を大切にした殿様だった。

これに引き替え、容堂は自分の統制に従わない家臣は容赦なく殺した。武市瑞山《たけちずいざん》がその典型だ。コラム3に登場した福岡藩主黒田長溥《ながひろ》も早くから開国を唱えるなど、名君の素質は十分にあったのだが、月形《つきがた》一党を皆殺しにより、福岡藩は維新に何の貢献もできなかった。せめて殺さずに牢にでも入れておけばよかったのだ、西郷隆盛のように。

また容堂は、最後の最後（小御所会議）で倒幕を阻止しようとした。西郷隆盛がその場にいなかったら、その目論見《もくろみ》は成功したかもしれないのである。

そんな人物がどうして名君と呼べよう。むしろ家臣を大事にし、近代化を成し遂げ、戊辰戦争に貢献した佐賀藩主鍋島閑叟《かんそう》の方が、はるかに名君だと、私は思うのだが。

エピソード12
孝明天皇は本当に病死!?
天然痘「宮中感染ルート」の謎
1865(慶応元)年
長門国　萩城
木戸様、ぜひ面談したいという方々がお見えになっています。
長州藩　執政
木戸貫治
(旧名　桂小五郎
後の木戸孝允)
方々とは、どなたか。
は……
ボソ
ボソ
……そうか。

故・来島又兵衛の妻 たけ
これはお揃いで、物々しい出で立ちでござるな。
桂様、いえ、今は木戸様でございましたね。ぜひお伺いしたいことがございます。
ほう、何事でござるか。
聞き捨てならぬ噂《うわさ》を耳に致しました。
御家《おいえ》はあの薩摩と盟約を結ぶべく話を進めていると。もし真実《まこと》なら、

我ら全員この場で喉をかき切ってお止め申す所存にございます。
はて、そのようなこと、誰が口にしたのか。一向に存じませんな。
家中の確かな筋からでございます。木戸様、おとぼけはなしでございますよ。
弱りましたな。
では念のため伺うが、なぜ薩摩とは盟約を結んではいけないのです。
ここにいる女子《おなご》は皆、かけがえのない夫、あるいは父や兄弟を薩摩に殺された者ら。
仇敵《きゅうてき》にして奸賊《かんぞく》の薩摩と手を結ぶなど言語道断！許せませせぬ！

……
そなたらの気持ちはよう分かる…などとは申さぬ。
なぜなら拙者は禁門の戦《いくさ》で父や兄弟を失ってはおらぬ。男ゆえ夫を討たれた妻の気持ちも分からぬ。
だが、この日《ひ》の本《もと》には方々の気持ちを誰よりも深く分かっている者らもおる。
それはいったいどなたです？
禁門の戦で夫や父、兄弟を討たれた薩摩の女子衆だ。
だが薩摩はそうした私事の恨みを捨て、我らと盟約を結ぼうとしておる。

！
やはり本当でございましたか！
薩摩はそなたの夫を討った。
それは帝《みかど》のご命令に従ったまで。もののふたる者、勅命を受ければ全力を尽くして敵を討つは当然のこと。
それは来島殿も承知のはず。
我が夫は薩摩の鉄砲に撃ち倒されました。あれは卑怯者のやることです。
それは違う。
あれが新しい戦のやり方なのだ。西洋はその手で攻めてくる。我らも同じ手を使わねば勝てぬ。
方々もあの※馬関の戦を見たであろう。
今までの刀や槍では到底きゃつらには勝てぬ。長州も薩摩もなく、日の本の民がすべて力を合わせねば、日の本があの日の馬関になる。
バッ！

※馬関の戦：下関戦争のこと。英・仏・オランダ・米の四か国連合艦隊が下関を砲撃、壊滅させた。

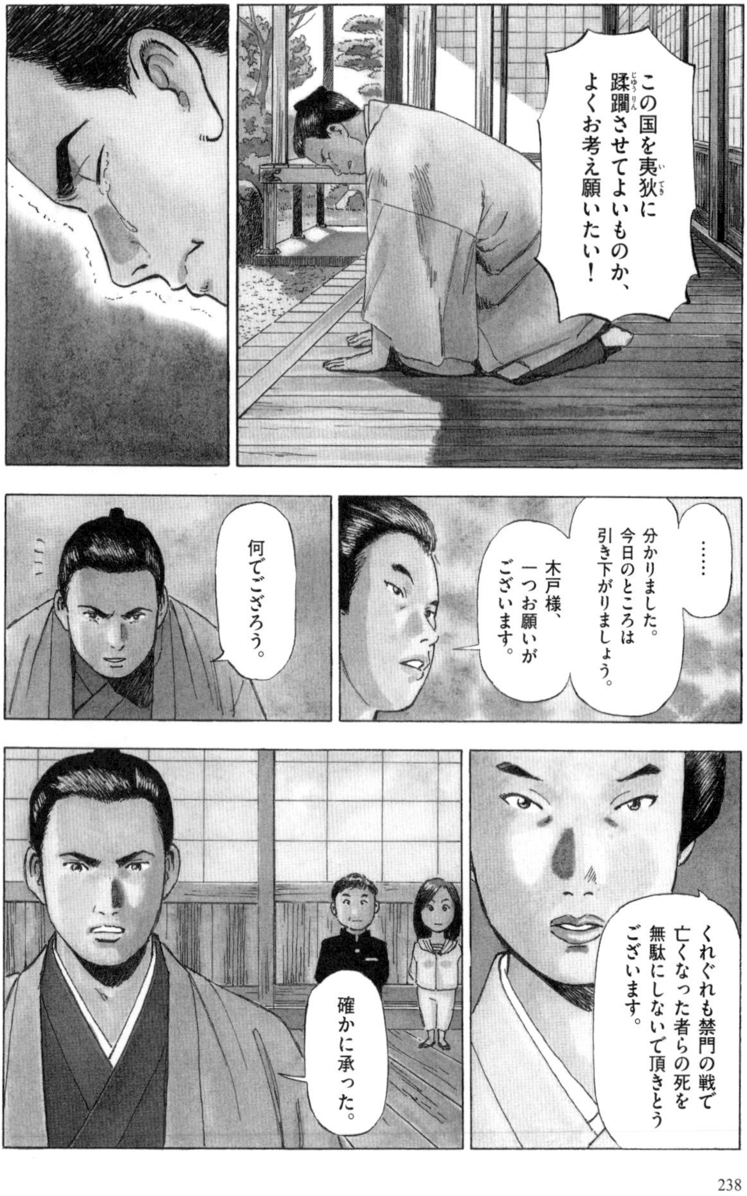
この国を夷狄《いてき》に
蹂躙《じゅうりん》させてよいものか、
よくお考え願いたい！
……
分かりました。
今日のところは
引き下がりましょう。
木戸様、
一つお願いが
ございます。
何でござろう。
くれぐれも禁門の戦で
亡くなった者らの死を
無駄にしないで頂きとう
ございます。
確かに承った。

この翌年の春、
薩長同盟が成立した
と年表には簡単に
書いてあるけど、
実に大変だったことが
分かるよね。
考えてみれば
そうですよね。
男側の恨み辛《つら》みは
大河ドラマで
よく観ますけど、
女も同じ思いですよね。
ほら、薩長と似て、
織田信長と徳川家康の
※同盟でも、そう簡単じゃ
なかっただろ。
そうでした。
「人情の機微」が
分かっていれば、
それに抗して薩長同盟を
成立させた木戸孝允の
政治家としてのすごさも
分かる。
高杉晋作が
クーデターの天才なら、
木戸孝允は政治の天才
ですね。
その通りだね。
歴史を知るには、
人間社会の常識が
分かっていないと、
その時代や人の苦労も
理解できない。
そう言えば、
坂本龍馬への評価にも
それがある。
戻って説明しよう。

※『コミック版 逆説の日本史　戦国三英傑編』エピソード1参照。

かつて司馬遼太郎の『竜馬がゆく』が一世を風靡《ふうび》した反動かもしれないが、龍馬なんて何もしてないじゃないか、と主張する人が出てきた。
要するに維新の英傑の間を泳ぎ回っていただけで、本人は何もしていない、と言うんだ。
年配の研究者までそういうことを言い出してね。まったく歴史、いや人間の社会が分かってない。
どういうことですか?
例えば、君の友達で鹿児島と山口に住んでいる人がいたとしよう。
東京にいる君と、鹿児島と山口の友達と、京都で会うとしたら、連絡はどうする?
はあ……スマホでしょうね。
電話してもいいし、メールを送ってもいいし。
山口
京都
東京
鹿児島

じゃ江戸時代だったら? スマホもメールもFAXもない。
…飛脚?
飛脚は、安価なものは江戸～京坂で片道三十日かかったり、手紙がなくなることも多かった。
※早便はかなり高額で、頻繁《ひんぱん》に利用できるものじゃない。
結局は自分の足を使って連絡するのが一番確実だった。
でも鹿児島に着いたら友達は用があって大阪に出かけていた、ということもあったかもしれない。
そうした行き違いをどう解消する?
どうすればいいんですか?
正しい答えはない。
ズルッ
だけど、それを実行したのが坂本龍馬だ。

※イギリスの外交官R・オールコックの日本滞在記『大君の都』(山口光朔訳／岩波書店)に、江戸長崎間の早便料金は6ポンド(一分銀80分：20両)という記述がある。

薩摩と長州と京、それに江戸、これらを往復するだけでも大変だよね。人生の後半には蒸気船が使えるようになったけど、それ以前は自分の足で全国を歩きまわった。
彼は日本で初めてブーツをはいた男として有名だけど、本当に必要だったんじゃないかな。
彼は人をまとめる、今で言えばコーディネーターだ。もちろん人と人とを結びつけるには、本人が絶対的に信用されていなければならない。

それも龍馬の才能の一つなんですね。
その通り。
彼がどれだけ様々な人々に信頼されていたか、
そこを見に行こう。
カタ
1866(慶応2)年2月5日
京　二本松　薩摩藩邸
まだ傷も癒《い》えはらへんのに、手紙書かなあきまへんの？
龍馬の妻
お龍
襲われた前の日、ここで薩摩は長州を助ける約束をした。
へえ。それは聞きました。
坂本龍馬

だが
口約束だ。
長州の木戸さんは
それじゃ信用できんと
これを書いてきた。
あの日、約束したことだ。
間違いないなら、
裏書きしろとさ。
疑《うたぐ》り深い
お人どすなあ。
長州人はみんな
疑り深いのさ。
友としては
今一つだな。
でも、その長州の
高杉さんからもろた
ピストルで命拾いを
されたんどすえ。
！
こりゃ、一本
取られたな。
あははっ

解説しよう。
この日から二週間ほど前の1月21日、この二本松藩邸に隣接した小松帯刀《たてわき》邸でいわゆる「薩長同盟」が成立した。
翌23日夜、伏見の薩摩藩邸近くの寺田屋でくつろいでいるところを、伏見奉行所の役人に取り囲まれ、龍馬は捕まりそうになった。
襲われたというのはそのことだ。
お龍が風呂から飛び出して危険を知らせたんですよね。
よくドラマになってるよね。
そこで龍馬は高杉晋作からもらったピストルをぶっぱなして抵抗するも、重傷を負い、何とか伏見の薩摩藩邸に逃げ込んで一命を取り留めた。
その後、西郷のいる京都二本松の薩摩藩邸に移った龍馬の元に木戸が手紙を送ってきた、というわけ。
裏書って内容を保証することでしたっけ？
その通り。
つまり長州にも薩摩にも絶対の信頼を得ている人間にしか資格はない。

龍馬がそうだったってことか。
でも、今「いわゆる薩長同盟」って言いましたよね。
気がついたか。
さすが「逆説の極意」に近づいてきたな。
実はこれ、軍事同盟と呼ぶほどのものじゃないんだ。
長州は心ならずも朝敵の汚名をこうむってしまった。その汚名返上のため、薩摩は全力を挙げてこれをバックアップするという内容なんだ。
共に幕府を倒す、じゃなくて？
そう。
ただし一橋慶喜《よしのぶ》や京都守護職の松平容保《かたもり》が妨害してきたら武力に訴えてでも長州を助けるとは言っている。
慶喜と容保を固く支持している孝明天皇は大の長州嫌いだからね。
それがどうして対幕府の軍事同盟になったんですか？
あっ！
そうか。一橋慶喜が将軍になっちゃったからですね。

正解。この年の夏、慶喜の要請を受けた孝明天皇は、二度目の「長州征伐令」を出すんだが、
この戦いに薩摩は参加せず、また高杉晋作の大奮闘によって、幕府軍は見事に撃退された。
慶喜や容保にとっては大誤算だが、この年の最後に、彼らにとって最大級の逆風が吹く。
それは何ですか？
見に行こう。
ただし、気持ちのいい場面じゃないよ。
1866(慶応2)年
12月25日
京都　御所
清涼殿

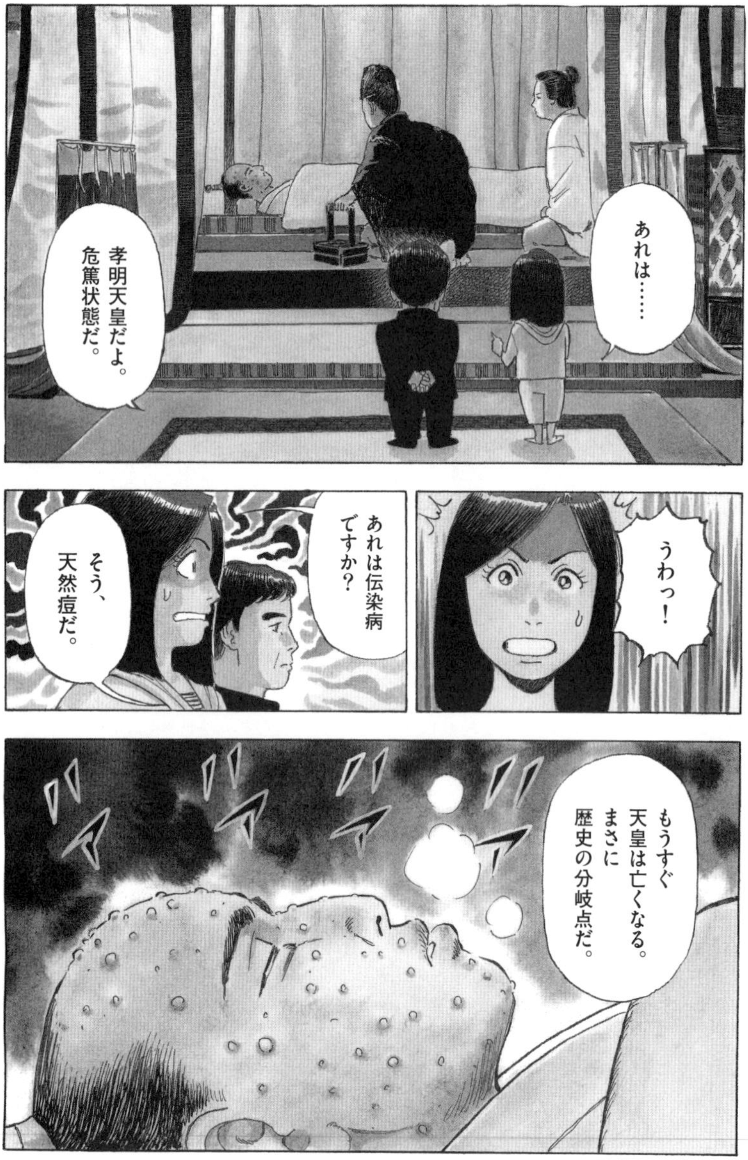
あれは……
孝明天皇だよ。危篤状態だ。
うわっ!
あれは伝染病ですか?
そう、天然痘だ。
もうすぐ天皇は亡くなる。まさに歴史の分岐点だ。

長州嫌いの孝明天皇が亡くなり、
長州贔屓《びいき》の中山家の娘が産んだ
明治天皇が後を継ぐ。
明治天皇はこれから
「慶喜をぶち殺せ」という
命令を出すことになる。
むろん周囲の長州派が
お膳立てしてのことだが、
これが「討幕の密勅《みっちょく》」
ってやつだ。
孝明天皇の死で、
すべてが逆転した
ってことですか？
その通りだ。
記録には一切残って
いないが、長州の人間は
陰でお祭り騒ぎを
していただろうね。
長州にとっては実に
グッドタイミング。
願ってもない孝明天皇の
いわゆる「病死」だ。
あ〜、また
「いわゆる」が出た。
ということは
病死じゃない？
まさか毒を盛られた
んですか？

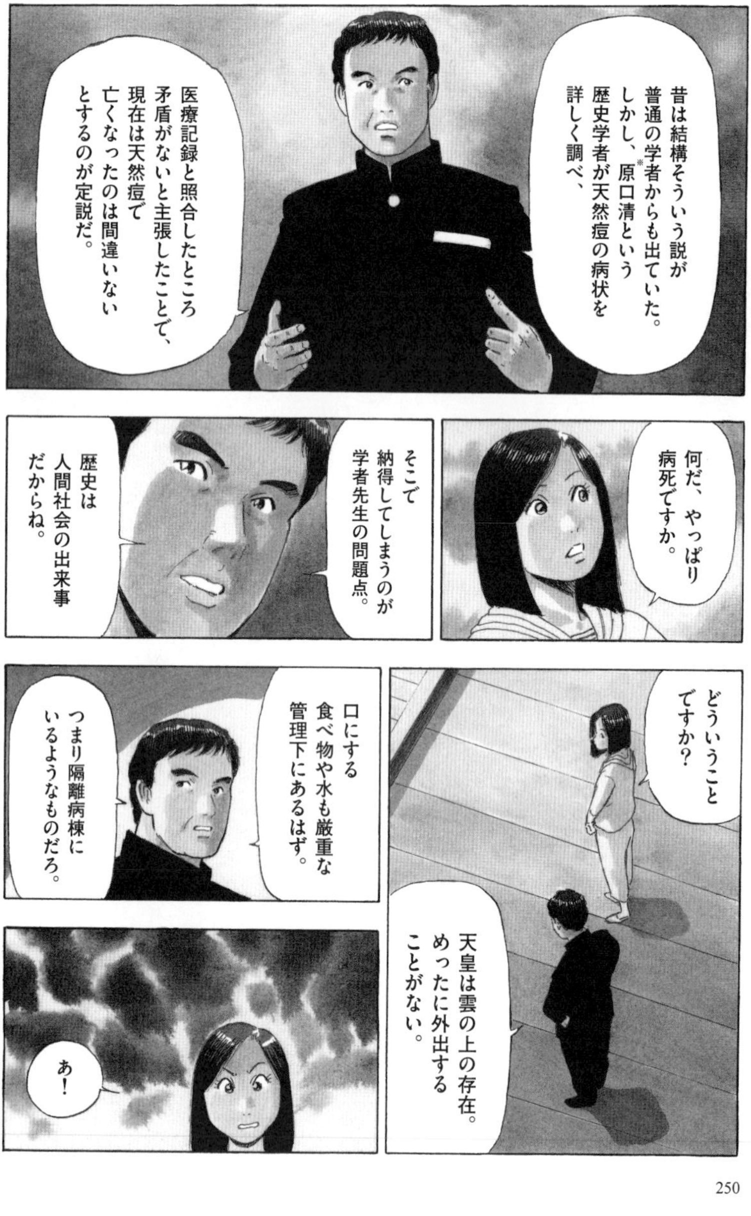

昔は結構そういう説が普通の学者からも出ていた。しかし、※原口清という歴史学者が天然痘の病状を詳しく調べ、
医療記録と照合したところ矛盾がないと主張したことで、現在は天然痘で亡くなったのは間違いないとするのが定説だ。
何だ、やっぱり病死ですか。
そこで納得してしまうのが学者先生の問題点。
歴史は人間社会の出来事だからね。
どういうことですか？
天皇は雲の上の存在。めったに外出することがない。
口にする食べ物や水も厳重な管理下にあるはず。
つまり隔離病棟にいるようなものだろ。
あ！

※原口清（1922〜2016）：元名城大学名誉教授。

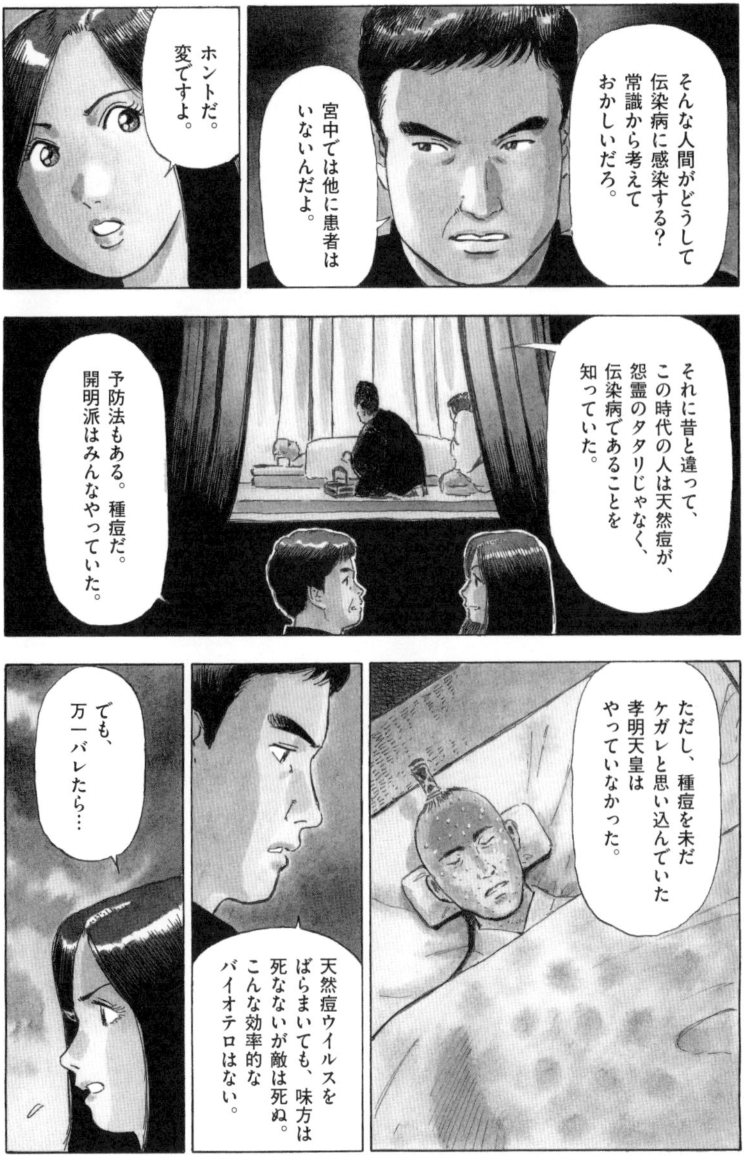
そんな人間がどうして伝染病に感染する？常識から考えておかしいだろ。
宮中では他に患者はいないんだよ。
ホントだ。変ですよ。
それに昔と違って、この時代の人は天然痘が、怨霊のタタリじゃなく、伝染病であることを知っていた。
予防法もある。種痘だ。開明派はみんなやっていた。
ただし、種痘を未だケガレと思い込んでいた孝明天皇はやっていなかった。
天然痘ウイルスをばらまいても、味方は死なないが敵は死ぬ。こんな効率的なバイオテロはない。
でも、万一バレたら…

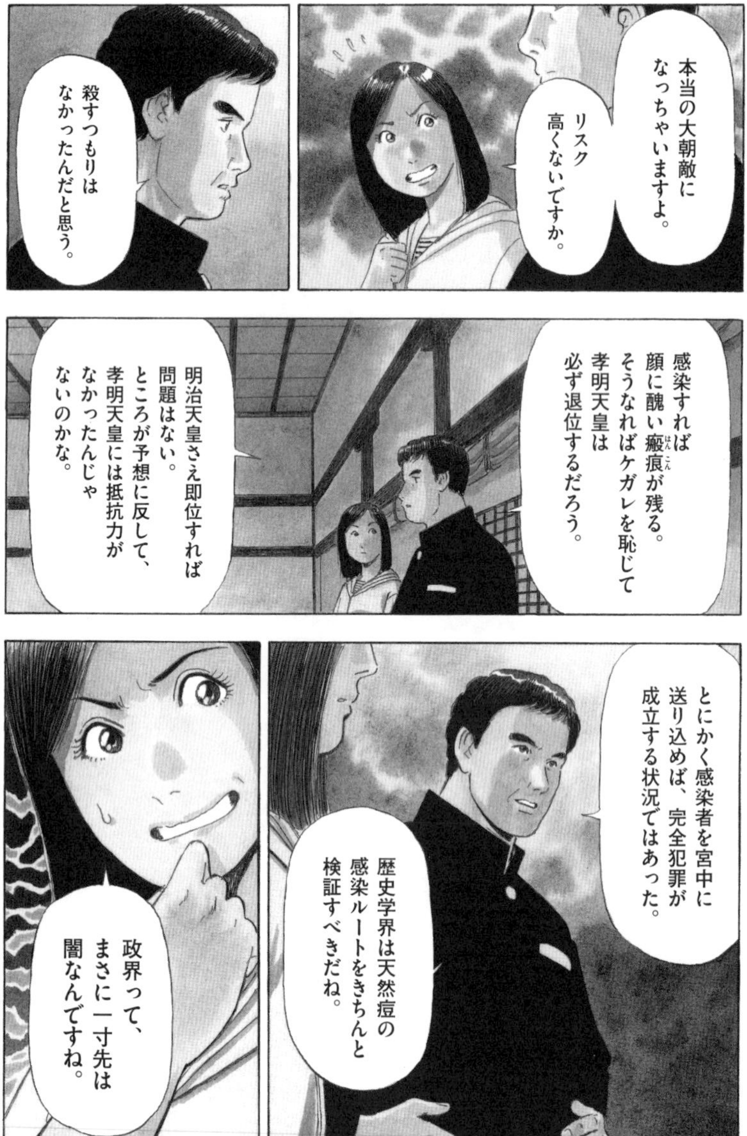
本当の大朝敵になっちゃいますよ。
リスク高くないですか。
殺すつもりはなかったんだと思う。
感染すれば顔に醜い瘢痕《はんこん》が残る。そうなればケガレを恥じて孝明天皇は必ず退位するだろう。
明治天皇さえ即位すれば問題はない。ところが予想に反して、孝明天皇には抵抗力がなかったんじゃないのかな。
とにかく感染者を宮中に送り込めば、完全犯罪が成立する状況ではあった。
歴史学界は天然痘の感染ルートをきちんと検証すべきだね。
政界って、まさに一寸先は闇なんですね。

エピソード13 大政奉還に対抗する薩長が仕組んだ「討幕の密勅」

ええじゃないか!
ええじゃないか!
1867(慶応3)年8月
京
ええじゃないか!
何ですか、このバカ騒ぎ!
聞いたことない?「ええじゃないか」だよ。
孝明天皇が亡くなった翌年の1867年に東海地方から西日本にかけて、
神仏の御札《おふだ》が舞い降りて、庶民が踊り狂うという騒動が各地で起きた。

共通しているのは「ええじゃないか」の囃子《はやし》言葉だ。しばらく聞いててごらん。
ものが安なる！ええじゃないか！
世直り始まる！ええじゃないか！
民衆も変革を求めているってことですか。
革命と呼んでもいいかもしれないね。
これも現代人の盲点なんだが、黒船が来て日本が植民地化されるかもという認識は、国民全体のものじゃない。
えっ、どうしてですか？
マスコミは国民の目と耳だ。しかしこの時代の国民はそれを持ってない。
民主主義の社会は、すべて国民が決めるから、国民に情報提供するマスコミが発達する。
海の向こうで何が起きたかもよく知らないし、目覚めた武士達がいくら改革を唱えても動かない。

でも
最終的には
動いた。
どうして
そうなったのか?
それも歴史を見る
コツの一つだ。
戻って説明しよう。
庶民は堅実で、
大きな変革を望まない。
平穏な生活を
壊したくはないからね。
仮に食料不足で
一揆を起こしたとしても、
食料さえ得られれば
すぐにやめる。
体制まで破壊する
つもりはない。
だから世直し、つまり
根本的変革を求める
のは余程のことだ。
ガラ
本物じゃないけど、
一両小判と一分銀※が
ある。
本物だとして、
一分銀何枚で、
1両か分かる?

※一分銀は、計数銀貨としての南鐐《なんりょう》二朱銀の成功を受け、1837(天保8)年に鋳造開始された。

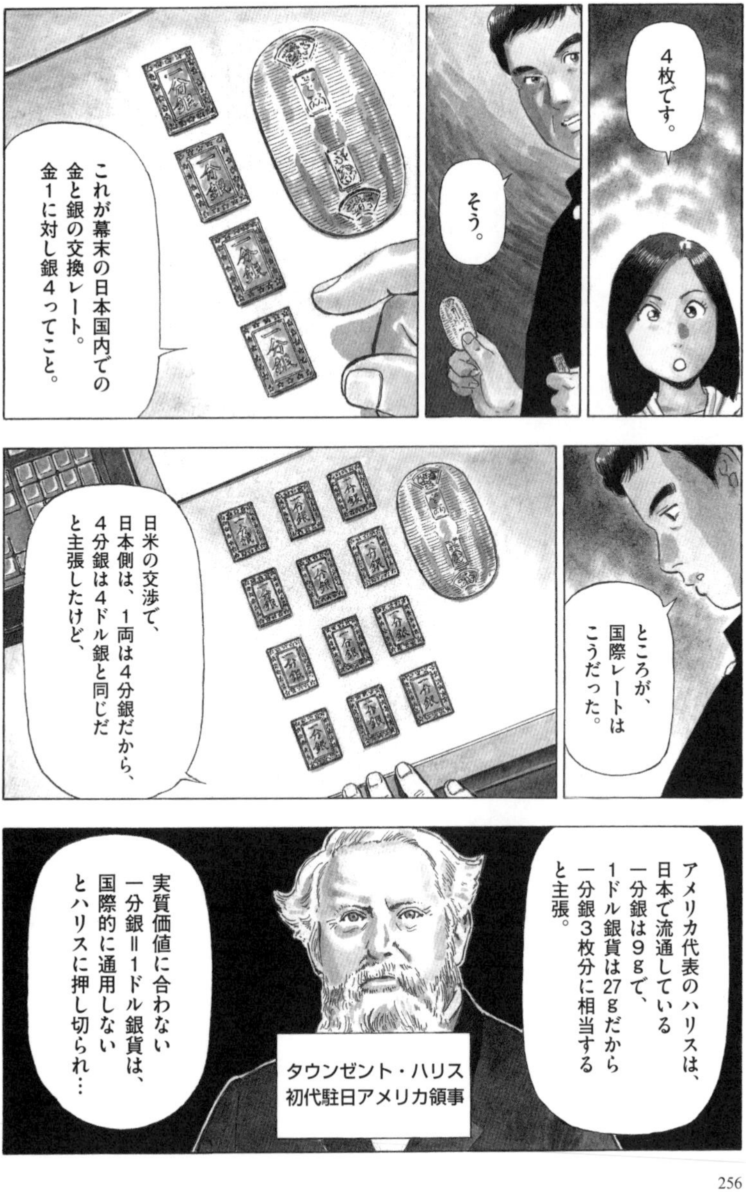
４枚です。
そう。
これが幕末の日本国内での金と銀の交換レート。金１に対し銀４ってこと。
ところが、国際レートはこうだった。
日米の交渉で、日本側は、1両は4分銀だから、4分銀は4ドル銀と同じだと主張したけど、
アメリカ代表のハリスは、日本で流通している一分銀は９gで、1ドル銀貨は27gだから一分銀３枚分に相当すると主張。
タウンゼント・ハリス
初代駐日アメリカ領事
実質価値に合わない一分銀＝1ドル銀貨は、国際的に通用しないとハリスに押し切られ…

日米和親条約を補完する追加条約(下田協約)で、日米の貨幣は同種同量で交換することが決められた。
つまり、
ドル銀貨１００枚を一分銀に両替すると３００枚。
それを小判に替えると75両。
75両を外国で替えると、ドル銀貨３００枚になる。
その３００枚を、また替えると９００枚。９００が２７００！
日本に持ってくると、お金が三倍になるんですか！まるでサギですね！
その通り。幕府が開国した時、このレートをそのまま使った。
「金」はどうなると思う？
どうなるって、日本でなら三分の一の値段で「金」が買えますよ。
そう、だから日本の金が大量に買われた。
教科書には10万両以上が流出したと書かれている。
何てバカな。早くレートを調整すればいいのに。

どうして、それができなかったのか?
あ――――っ!
そうか。幕府も朱子学バカだったからできなかったんだ。
その結果、基準通貨である金が不足した幕府は、小判の量目を三分の一に差し替え、急場をしのいだ。
つまり、貨幣価値が大幅に下落した。
天保小判
万延小判
するとどうなるか。これは経済学の常識だから分かるよね。
物価がめちゃくちゃ上がる。大インフレですよね。
そうか、こんな狂乱物価じゃ暮らしていけないって、みんなヤケになって「ええじゃないか」と踊ってたんですね。
大正解。民衆がこんな政権じゃダメだと思い定めた。だから薩長ら討幕派が支持された。
では逆に考えてみよう。金が大流出したってことは?日本に…
金が大量にあったってことですか?

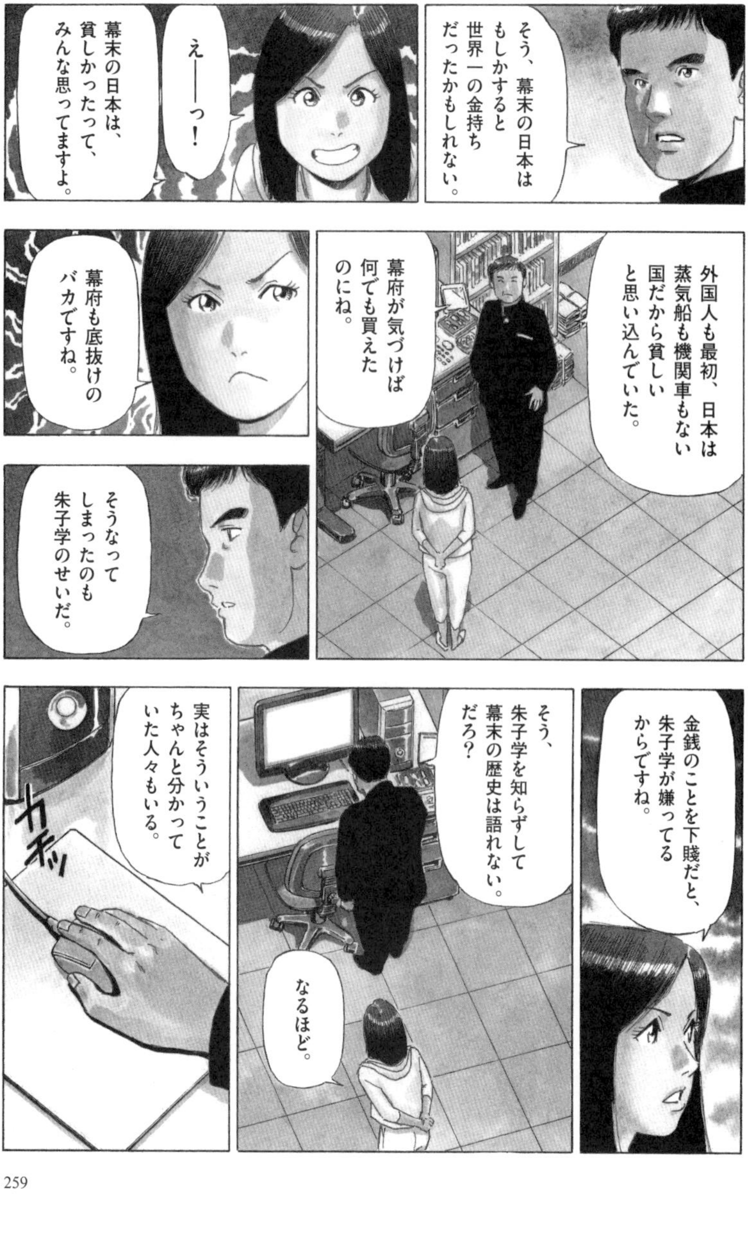
そう、幕末の日本はもしかすると世界一の金持ちだったかもしれない。
え――っ!
幕末の日本は、貧しかったって、みんな思ってますよ。
外国人も最初、日本は蒸気船も機関車もない国だから貧しいと思い込んでいた。
幕府が気づけば何でも買えたのにね。
幕府も底抜けのバカですね。
そうなってしまったのも朱子学のせいだ。
金銭のことを下賤だと、朱子学が嫌ってるからですね。
そう、朱子学を知らずして幕末の歴史は語れないだろ?
なるほど。
実はそういうことがちゃんと分かっていた人々もいる。
カチッ

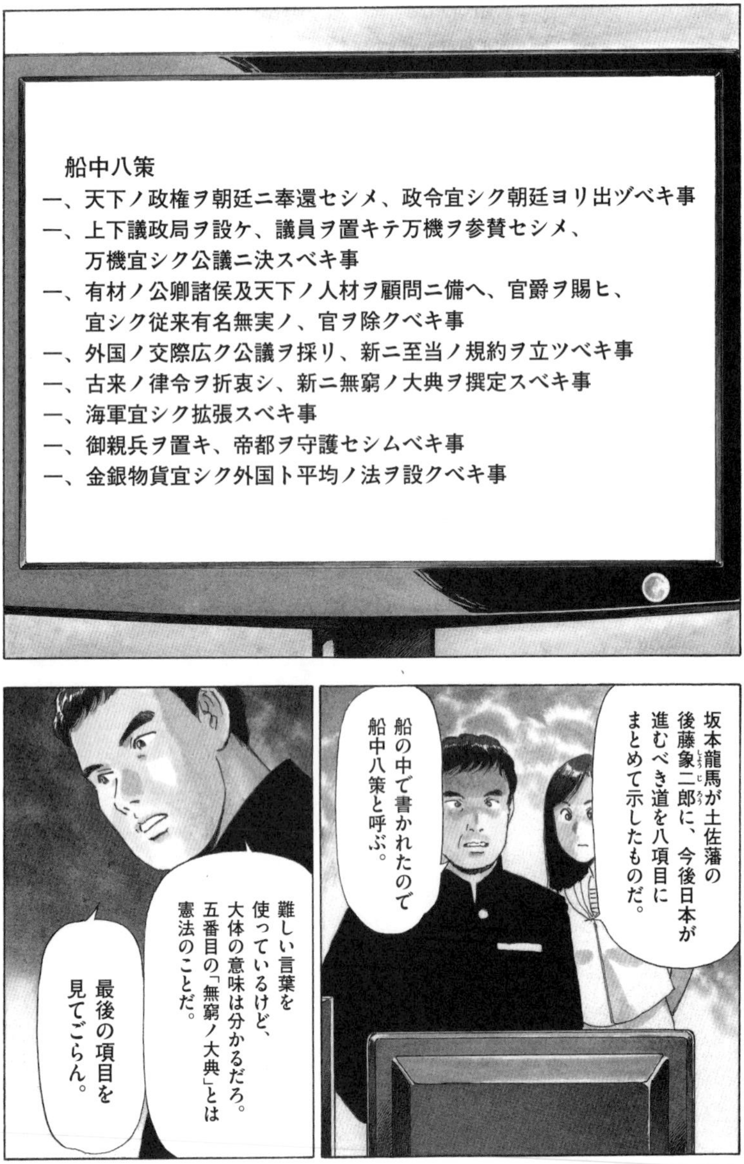
船中八策
一、天下ノ政権ヲ朝廷ニ奉還セシメ、政令宜シク朝廷ヨリ出ヅベキ事
一、上下議政局ヲ設ケ、議員ヲ置キテ万機ヲ参賛セシメ、万機宜シク公議ニ決スベキ事
一、有材ノ公卿諸侯及天下ノ人材ヲ顧問ニ備ヘ、官爵ヲ賜ヒ、宜シク従来有名無実ノ、官ヲ除クベキ事
一、外国ノ交際広ク公議ヲ採リ、新ニ至当ノ規約ヲ立ツベキ事
一、古来ノ律令ヲ折衷シ、新ニ無窮ノ大典ヲ撰定スベキ事
一、海軍宜シク拡張スベキ事
一、御親兵ヲ置キ、帝都ヲ守護セシムベキ事
一、金銀物貨宜シク外国ト平均ノ法ヲ設クベキ事
坂本龍馬が土佐藩の後藤象《しょう》二《じ》郎《ろう》に、今後日本が進むべき道を八項目にまとめて示したものだ。
船の中で書かれたので船中八策と呼ぶ。
難しい言葉を使っているけど、大体の意味は分かるだろ。五番目の「無窮ノ大典」とは憲法のことだ。
最後の項目を見てごらん。

一、金銀物貨宜シク外国ト平均ノ法ヲ設クベキ事

あ――っ、
ちゃんと
書いてある。
ドラマでこのシーンを
やっても、この八番目は
クローズアップされない。
だけど分かっている人には
分かっていた。
そして龍馬はこの時、
後藤象二郎にさらに
重要な提言をしている。
それは
見に行った方が
いいかな。
1867(慶応3)年6月
土佐藩　夕顔丸

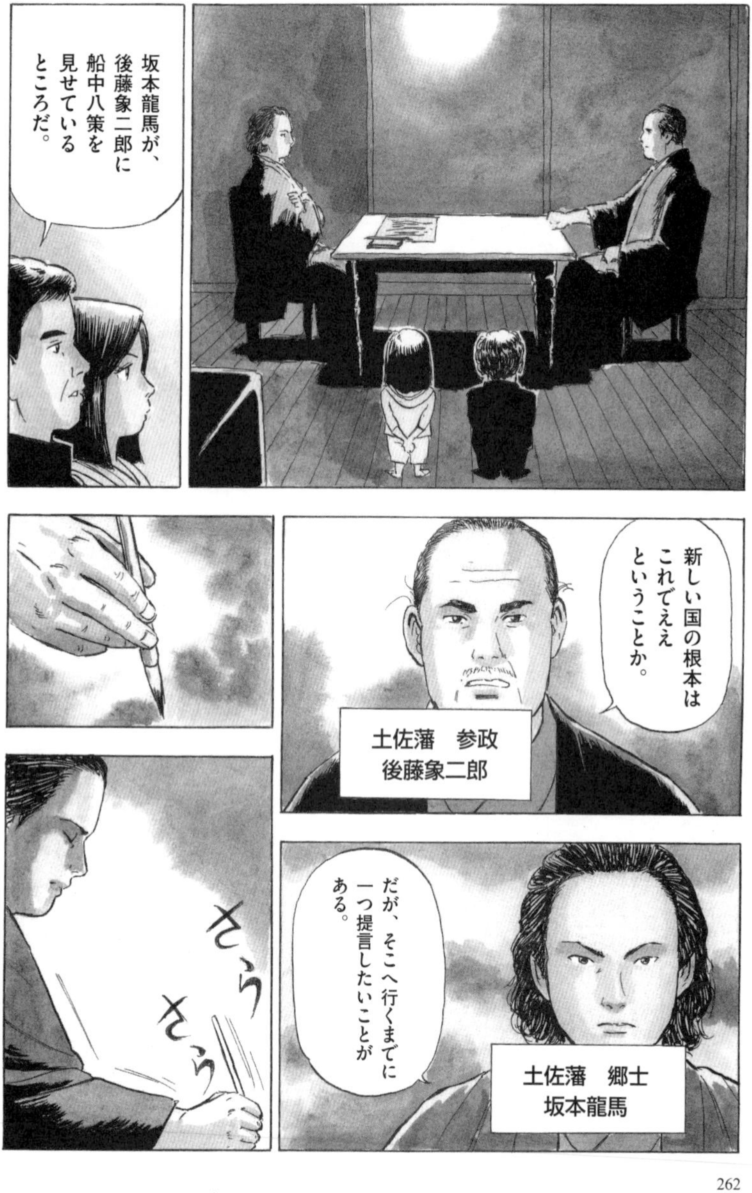
坂本龍馬が、後藤象二郎に船中八策を見せているところだ。
新しい国の根本はこれでええということか。
土佐藩　参政
後藤象二郎
だが、そこへ行くまでに一つ提言したいことがある。
土佐藩　郷士
坂本龍馬
さらさら

大政奉還
たいせいほうかん…
どういうことだ？
将軍慶喜《よしのぶ》公が
天皇に政権を
お返しする。
!!
薩長は今、武力で
徳川を叩き潰そうとしちゅう。
けんど内戦が続けば国力は消耗し、
喜ぶのはエゲレスやフランス
だけじゃ。
薩長の言い分は徳川の政治が
悪いちゅうことじゃから、
先手を打って政権を天皇に
お返ししてしまえば、
戦《いくさ》の大義名分はなくなる。

なるほど名案だな。おぬしの知恵か。
そんなことはどうでもええ。ただ、この策を早く建白せねば。
後藤さん、あんたから殿様に言うてくれ。
分かった。
「天皇が、武家の棟梁としての将軍家に日本の統治権を委任している」というのが当時の日本の常識だった。
大政奉還はそれを逆手に取り、委任されたものを返上して、平和裏に政権交代をしようという発想だ。
本当は委任したわけじゃなく、武家が力で天皇家から奪ったものでしょ?
実際はそうだが、江戸時代、朱子学の影響で天皇家の権威が高まったため、武家支配を正当化しようと、そういう後づけの理屈が考えられた。
そしてそれが常識になったので、今度は逆手に取ろうというわけだ。
頭いいな。考えたのは龍馬ですか?
小説やドラマではそうなってるけど、師匠の勝海舟あたりからヒントをもらったんだろうね。

勝だけの発想じゃないよ。
後づけの理屈が
常識になった段階なら
優秀な人間は気づくことだ。
とにかく、この案を
後藤から聞いた土佐藩の「国父」
山内容堂が将軍徳川慶喜に
建白し、慶喜はこれを
実行した。
参与会議を潰した時は
小さい人間だと思ったけど、
やる時はやるんだ。
それにしても、
いつ将軍になったんだろ。
孝明天皇の死の年の夏、
第二次長州征伐の
真っただ中、将軍
徳川家茂《いえもち》が※病死した。
これは本当の病死。
で、慶喜が
十五代将軍となった。
だから島津久光は、
部下が薩摩藩を倒幕の
方向に進むのを
黙認したんですね。
分かってきたじゃ
ないか。
西郷が勝に感化され、
高杉が長州征伐の幕府軍を
撃破し、将軍が家茂から
慶喜になり、
幕府贔屓《ひいき》の孝明天皇が
亡くなり、長州支持の
明治天皇になった。
すべての情勢は長州
有利に流れている。
その決定的シーンを
見に行こう。

※病死：脚気が原因とされる。当時は有効な治療法がなく、全身衰弱して死亡。

1867(慶応3)年　夏
京都御所
何とも過激やな。
正二位　中山忠能《ただやす》
(明治天皇の祖父)
この「慶喜を殄戮《てんりく》せよ」というのは?
正二位　正親町《おおぎまち》三条実愛《さねなる》
(忠能の姻戚)
権中納言
中御門《なかみかど》経之《つねゆき》
(岩倉の義兄)
ぶち殺す、いうことですな。
おお、怖《こわ》。そこまで書かんとあかんのか。

公卿　岩倉具視
このまま慶喜をのさばらせておけば、たとえ共和政治になっても徳川優位は崩れず、新しき世は創れません。
何とぞ、
帝《みかど》の御裁可を頂きたく存じます。
……
祐宮《さちのみや》
（明治天皇）
天皇生母
中山慶子《よしこ》

お上《かみ》のうるわしき御尊顔を拝し、臣等《しんら》一同恐悦至極に存じ奉ります。
じじさまもお元気で何より。
恐れ入りまする。
本日はお上にたっての願いの儀がございます。
何事ですか。
日本の将来を決する一大事にございますが、詳しく言上しては、お上にご迷惑をおかけ申すやもしれませぬ。
それ故、此度《こたび》はこの忠能を御信頼願い、「任せる」の御一言を賜りたいと存じおります。
※おもうさま、それは…

※おもうさま（御父様）：母屋《おもや》に住む人が語源。おたあさま（御母様）は、寝殿造りの「対屋《たいのや》」に住むことから。

ご案じ召さるな。万々一の場合には、この忠能がすべての責めを負いまする。
分かりました。
よろずお任せします。よろしきように。
ははっ。
ここが歴史の分岐点！
出た！
でもなぜ？

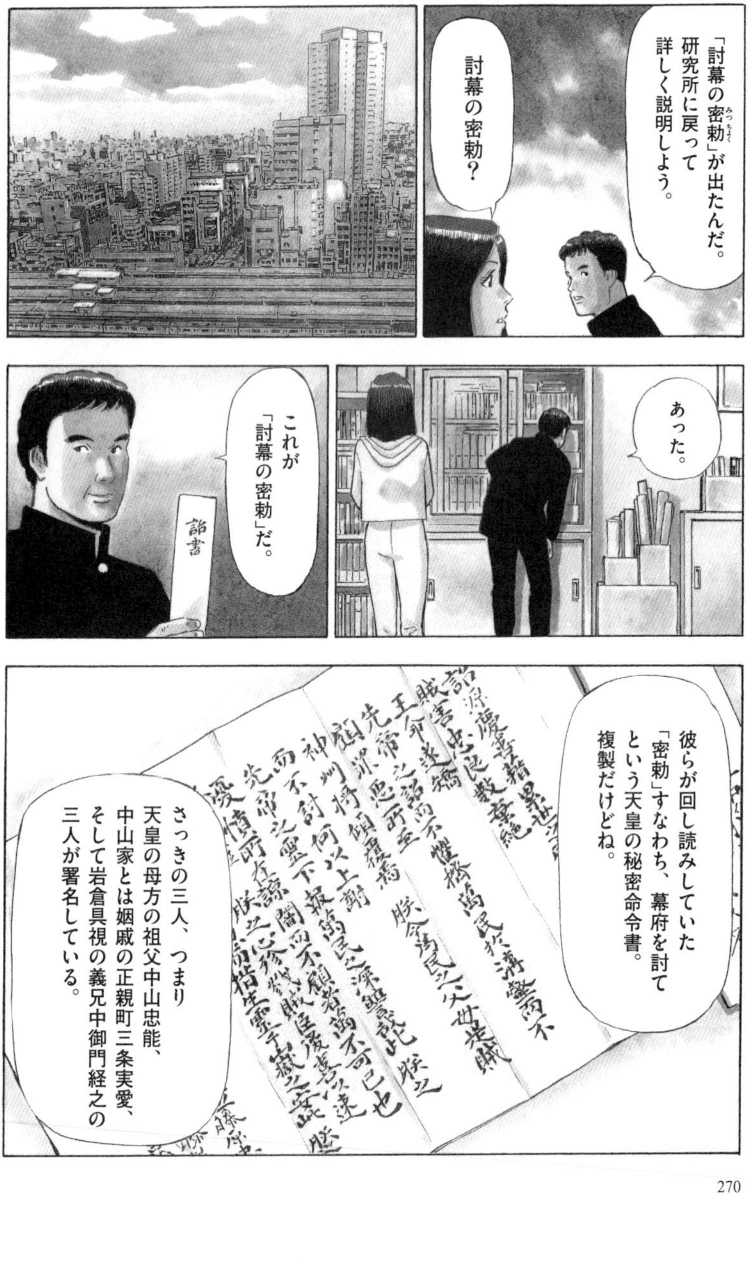
「討幕の密勅《みっちょく》」が出たんだ。研究所に戻って詳しく説明しよう。
討幕の密勅？
あった。
これが「討幕の密勅」だ。
詔書
彼らが回し読みしていた「密勅」すなわち、幕府を討てという天皇の秘密命令書。複製だけどね。
さっきの三人、つまり天皇の母方の祖父中山忠能、中山家とは姻戚の正親町三条実愛、そして岩倉具視の義兄中御門経之の三人が署名している。

これは島津久光と薩摩藩主※島津茂久《しげひさ》に宛てたものだ。
……
この漢文、難しい。何が書いてあるんですか。
要するに、徳川慶喜は人民を苦しめている極悪人で、天皇家に逆らう「賊」である。
一刻も早くぶち殺して世の中の平安を達成せよ、ということだよ。
これで慶喜は、長州に代わって朝敵になった。
大逆転だ。
でも天皇の命令書ですよね。天皇のハンコは…？
よく気がついたね。
実は、このいわゆる「討幕の密勅」の最大の問題点はそこだ。
冒頭「詔《みことのりす》」という動詞がある。

※茂久の「茂」は、徳川家茂から一字拝領したもの。この後に返上し、島津忠義と改名。

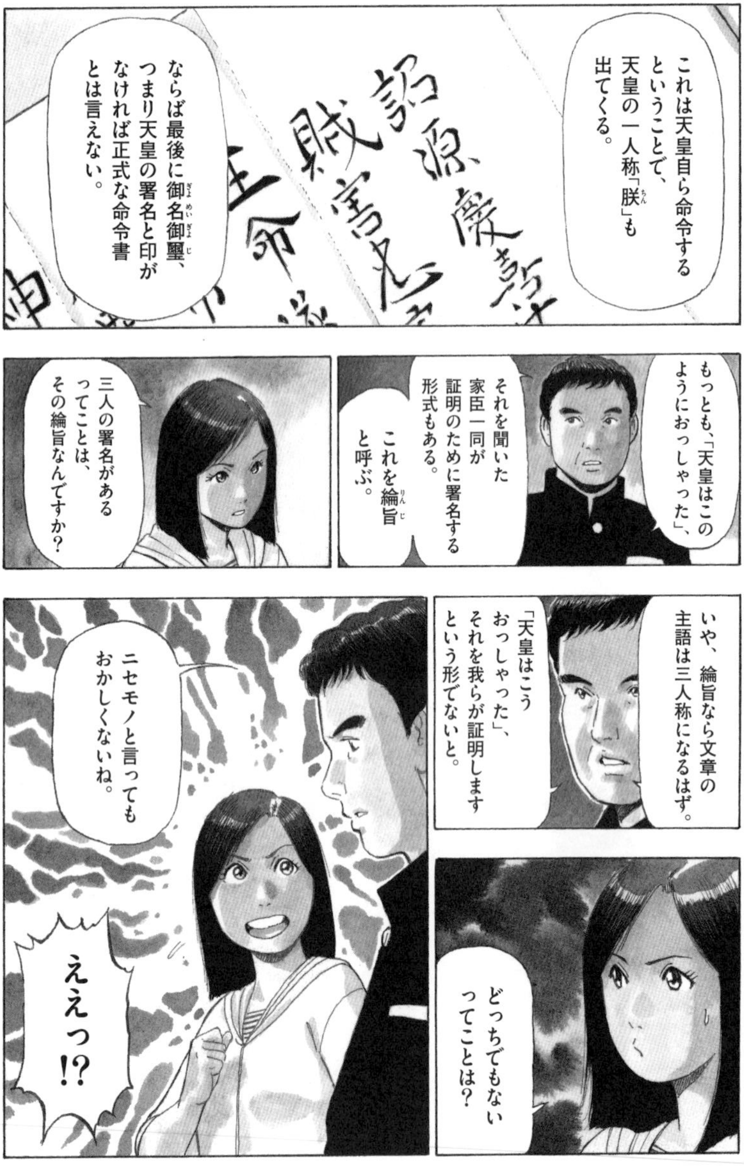
これは天皇自ら命令するということで、天皇の一人称「朕《ちん》」も出てくる。
ならば最後に御名御璽《ぎょめいぎょじ》、つまり天皇の署名と印がなければ正式な命令書とは言えない。
もっとも、「天皇はこのようにおっしゃった」、
それを聞いた家臣一同が証明のために署名する形式もある。
これを綸旨《りんじ》と呼ぶ。
三人の署名があるってことは、その綸旨なんですか?
いや、綸旨なら文章の主語は三人称になるはず。
「天皇はこうおっしゃった」、それを我らが証明しますという形でないと。
どっちでもないってことは?
ニセモノと言ってもおかしくないね。
ええっ!?

エピソード14
「最後の将軍」慶喜の敵前逃亡「江戸城無血開城」の功罪

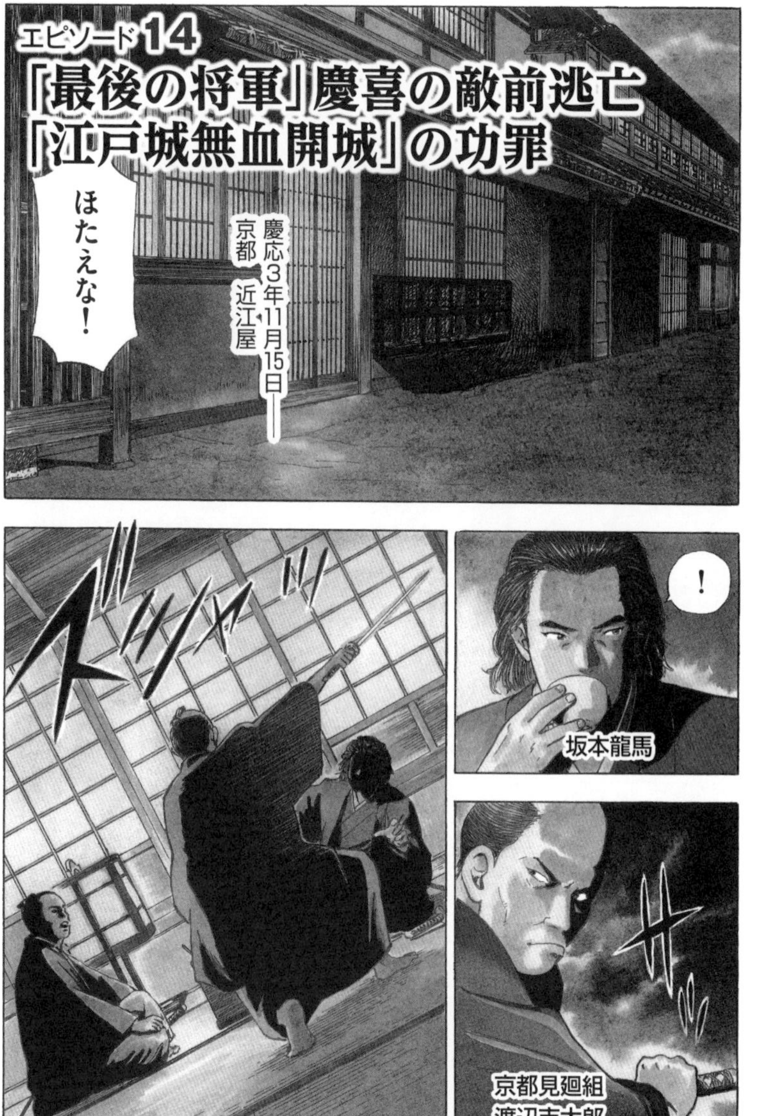
慶応3年11月15日―― 京都 近江屋
ほたえな!
!
坂本龍馬
京都見廻組
渡辺吉太郎

うおおおっ!
わあぁ!
ザシュ
ドラマじゃなく
本物を
見に行く?
げっ、
見たくない
ですよ、
そんなの。
でも大政奉還で重要な
役割を果たしたのに、
一か月足らずで
殺されるなんて…
犯人はホントに
見廻組ですか?
明治になってから、
元見廻組の男が
証言している。
この事件に関しては
それでいいと思う。

大政奉還って、薩長の倒幕路線と違って、大名会議の中で徳川家も生かして使おうってことですよね。
それを推進した龍馬は幕府にとって大事なんじゃないんですか？
そう。彼は薩長にも顔がきくから、幕府にしてみれば、重要な存在だった。
ところがその幕府配下の見廻組が龍馬を殺してしまった。
見廻組とは、幕府が治安維持のために設置した京都守護職直属の警備隊だ。
幕府ってとことんバカですよね。なぜ殺しちゃったの？
龍馬は寺田屋事件で、幕府の役人を射殺してる。だから「警官殺しで逃亡中のテロリスト」だ。
発見次第、ぶち殺せってわけ。少なくとも下部組織はそう思っていた。
でも、上層部はそう考えてなかったんでしょう？

そう、意思が下部組織に伝わっていなかった。メールもＦＡＸも電話もない時代だからね。
組織が統一見解を持つというのは、現代の常識だよ。
おそらく見廻組は、大手柄のつもりで龍馬を殺した。
ところが、上層部の意向とは違うと知って、慌てて新撰組がやったなどと言い出したんじゃないかな。
幕府は滅びるべくして滅んだってことか。
いいこと言うね。
この雑誌は…
坂本龍馬は「死の商人」って!?
坂本龍馬は死の商人
グラバー商会のエージェント
グラバー商会の代表トーマス・グラバーは、イギリスの※ジャーディン・マセソン商会の日本代理人だ。

※ジャーディン・マセソン商会：広州、香港、上海を拠点に中国貿易に携わった最大のイギリス資本商社。横浜にも支店を置いていた。

ジャーディン・マセソン商会とは、有名な「死の商人」で、アヘン戦争に、イギリスを引き込んだ張本人と言われている。
龍馬はここの取引先だから、当然、何らかの契約を結んでいただろうね。武器の売買だってやっているし。
じゃ、坂本龍馬はやっぱり「死の商人」なんですか?
「死の商人」って、どうやって儲けている?
どうって…
戦争を煽《あお》って双方に武器を売りつける、ですか?
確かに龍馬は薩長に武器を売った。
でも大政奉還を実現させようとしたよね。大政奉還って戦争を煽ること?
そうか、あれは大規模な内戦を防ぐことですよね。
そう。
「死の商人」なら、むしろ戦争を徹底的に煽動し長引かせる。双方に武器を売れるからね。

何だ、「死の商人」じゃないじゃないですか。
むしろ戦いを煽動しようとしていたのは薩長だよ。
西洋に負けない新しい国家を造るには、古い組織である幕府を徹底的に叩き潰した方がいいと考えていたんだ。
古い建物を利用するんじゃなくて、全部壊して新しく造るってことですか。
しかし幕府と徳川家を戦争の場で叩き潰す計画は、ある人物によって阻止された。
この後の話ですよね。じゃ、その人物って、薩長でも坂本龍馬でもないってことは…勝海舟?
幕府というダメ組織にいた人間だけど、勝海舟じゃない。ずっと劣るダメ人間だ。
そういう人物が結果的に多くの人々を救うこともある。
それが歴史の面白さだ。
1868(慶応4)年1月6日
摂津国　大坂城

スッ
来たか。家臣は連れておらぬであろうな。
前将軍
徳川慶喜《よしのぶ》
お申し付け通りに。この夜更けに何事でござる。
会津藩主
松平容保《かたもり》

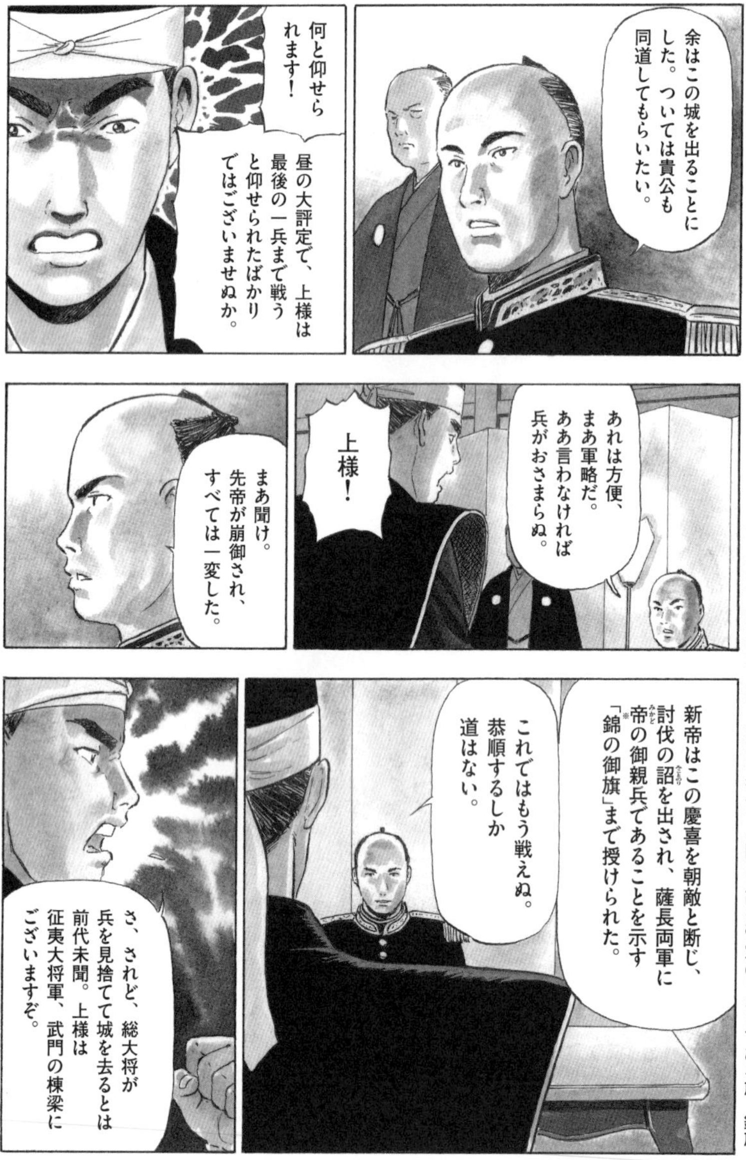
余はこの城を出ることにした。ついては貴公も同道してもらいたい。
何と仰せられます！
昼の大評定で、上様は最後の一兵まで戦うと仰せられたばかりではございませぬか。
あれは方便、まあ軍略だ。ああ言わなければ兵がおさまらぬ。
上様！
まあ聞け。先帝が崩御され、すべては一変した。
新帝はこの慶喜を朝敵と断じ、討伐の詔《みことのり》を出され、薩長両軍に帝《みかど》の御親兵であることを示す「※錦の御旗」まで授けられた。
これではもう戦えぬ。恭順するしか道はない。
さ、されど、総大将が兵を見捨てて城を去るとは前代未聞。上様は征夷大将軍、武門の棟梁にございますぞ。

※錦の御旗：鎌倉時代以後、朝敵を征伐する際に用いた官軍のしるしである旗。錦旗《きんき》。

将軍職は既に辞しておる。
恭順とは一切手向かいせぬこと。だが、血気に逸《はや》る兵どもと共にいれば、それもかなわぬ。ここは貴公と一緒に密《ひそ》かに城を去るしかない。
上様はともかく、なぜ手前までが。
分からぬか。貴公がこの城に残れば不満を抱く兵どもに、たちまち総大将に祭り上げられよう。
そうなれば恭順など夢のまた夢になる。
だから来てもらう。
スッ
これは将軍、いや徳川宗家の長としての指図じゃ。逆らうことは許さぬ。
状況を説明しよう。徳川慶喜は、薩長が仕組んだ「討幕の密勅《みっちょく》」に対抗して大政奉還を行ない、政治の主導権を握ろうとした。
しかし、天皇を手中に収めた薩長は、御所をコントロールし、王政復古を宣言。

すべて、天皇が直接政治をしていた昔に戻すということで、幕府の存在を完全否定したわけだ。
そこで慶喜は、江戸城と並ぶ将軍の城でもある大坂城に入った。
そこを拠点に、幕府全軍を鳥羽・伏見の二つの街道を通って京へ送り込み、薩長から天皇を奪い返そうとした。
ところが、この「鳥羽・伏見の戦い」で薩長の究極の秘密兵器が登場した。
新式の大砲？それとも最新鋭の機関銃とか？
いやいや、天皇の軍隊であることを示す「錦の御旗」だよ。
具体的には天皇家の紋章である菊紋が大きく刺繍されている旗だ。それを知って慶喜は戦意を喪失してしまった。
そんなに威力があったんですか？

慶喜は水戸徳川家の出だ。御三家の中でも、水戸徳川家は特別な家柄だったよね。ほら、家康の企《たくら》みだよ。
そうだった。もし将軍家と天皇家が争うような事態になっても、水戸徳川家だけは天皇家の味方をしろと「保険」※をかけてたんですよね。そうすれば徳川家は絶対残るからって。
だから家康は水戸徳川家から将軍を選ばせるつもりはなかった。御三家の残りの二つ、尾張と紀伊は大納言だけど、水戸は中納言までというのも、そのためだったと思う。
ところが水戸徳川家出身にもかかわらず、慶喜は一橋家に養子に行ったことで、経歴がリセットされ、将軍になってしまった。しかし「三つ子の魂百まで」。水戸の者は、天皇に絶対逆らえない。
それ故、薩長にとっては「錦の御旗」が最も強力な「武器」になった。

※『コミック版 逆説の日本史 江戸大改革編』エピソード7参照。

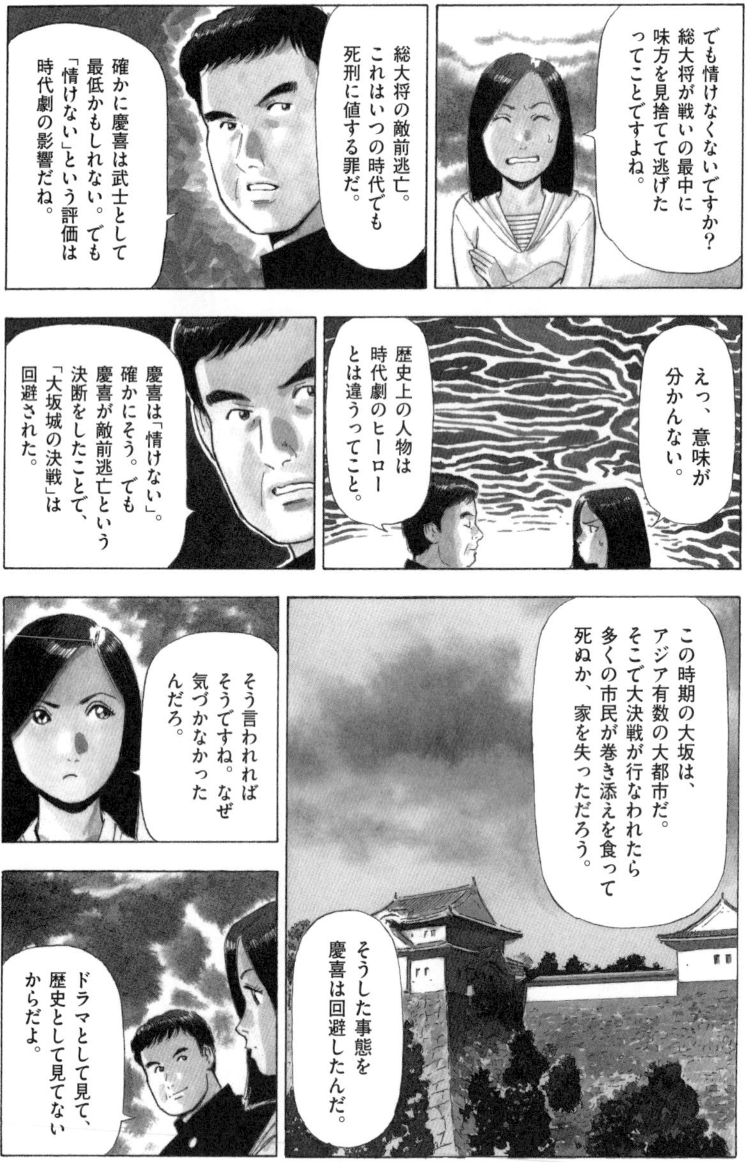
でも情けなくないですか？総大将が戦いの最中に味方を見捨てて逃げたってことですよね。
総大将の敵前逃亡。これはいつの時代でも死刑に値する罪だ。
確かに慶喜は武士として最低かもしれない。でも「情けない」という評価は時代劇の影響だね。
えっ、意味が分かんない。
歴史上の人物は時代劇のヒーローとは違うってこと。
慶喜は「情けない」。確かにそう。でも慶喜が敵前逃亡という決断をしたことで、「大坂城の決戦」は回避された。
この時期の大坂は、アジア有数の大都市だ。そこで大決戦が行なわれたら多くの市民が巻き添えを食って死ぬか、家を失っただろう。
そうした事態を慶喜は回避したんだ。
そう言われればそうですね。なぜ気づかなかったんだろ。
ドラマとして見て、歴史として見てないからだよ。

もし慶喜が戦っていれば、大坂決戦で数千の市民が死んだかもしれないってことを、頭で理解してても、自分自身がそうなったかも、とは考えない。
縁起でもないからね。
本来なら大坂城跡に慶喜の銅像が建ってても不思議ではないが、人は、そういう評価はしないものだ。
そうか、情けなく見えても世の中や歴史に貢献することもあるんだ…
それも歴史を見る一つのコツですか。
分かってきたじゃない。じゃ、続きを見に行こうか。
続きですか?
慶喜大坂脱出の数日後
江戸城

幕府陸軍総裁
勝海舟
上様、ただ今参上いたしました。
うむ、近《ちこ》う寄れ。
ははっ。
そちは今や幕閣随一の切れ者との評判じゃ。
薩長の者どもとも深い交わりがある。

そこでぜひ頼みたいことがある。
どうじゃ見当はつくか。
……
大坂城のように、この江戸城も退去なさり、ひたすら朝廷に恭順の意を示されたいということでございますか。
さすがじゃ。
よくぞ余の本心を見抜いた。幕閣随一の切れ者と噂《うわさ》されるだけのことはある。
恐れ入りまする。
では、その差配をそちに頼みたい。どうじゃ引き受けてくれるか。
拙者は旗本。徳川の家臣にございます。「頼む」とは情けない仰せ、「せよ」と仰せられませ。

万難を排してその儀、成し遂げる所存でございますが、そのためにも上様に願い上げたき儀がございます。
申してみよ。
幕閣内には、あくまで戦うべしとの強硬論を唱える者が少なくございません。
まずは、このような方々はできる限り中枢から遠ざけ、主たる役職から外すべきかと存じます。
その上で上様は一刻も早くこの城をお出になり、朝廷に対する恭順が嘘偽りなきことを天下に示すべきかと考えます。
なるほど道理じゃ。どこに行けばよい。
上野の寛永寺はいかがでございましょう。

将軍家菩提寺にして
宮様もおられます。
朝廷に対し奉り、
恭順の意を示すためには
格好の場所かと。
後は、この勝にすべて
任せるとのお言葉を
いただけるなら、
命に代えて、成し遂げて
ごらんに入れまする。
宮様って？
輪《りん》王《のう》寺《じの》宮《みや》のこと
だよ。
１６５４年、後水尾天皇の
皇子が徳川家の菩提寺
上野寛永寺山主となり、
輪王寺宮と号した。
江戸駐在の宮家となり、
寛永寺山主のみならず、
天台座主、日光門主を
兼任した。
よかろう。
そちに任せる。
ははっ。

これで江戸城無血開城の条件が整ったんですね。
で、西郷と勝が話し合い、江戸城を明け渡す代わりに、戦争を回避した。
その通りなんだが、一般的には江戸城の無血開城は、勝海舟の大手柄と認識されているよね。
でも、勝はあくまで幕臣の一人に過ぎない。確かに勝以外の人物には無血開城なんて不可能だったろうけど、
勝ならそれができると見極め、すべてを一任したのは、徳川家のトップ慶喜以外にあり得ない。
つまり、江戸城無血開城の最大の功労者は徳川慶喜だ。
そして、もう一つの功績も忘れ去られている。
それは？
ヒントは「無血開城」だ。

あ――――、大坂城も無血開城だ！
その通り。
大坂城も血を流すことなく、薩長つまり官軍に引き渡された。
これが実現したのも、慶喜が敵前逃亡したおかげだよ。
慶喜は大坂でも江戸でも自分の城を無血開城し、結果的に何万人もの市民が殺されたり焼け出されたりせずに済んだ。
すごいことだろう？
ホントにすごい。でもなぜ評価されないんですか？
彼の動機が「民を救う」ではなく、「朝敵になりたくない」という個人の欲望だったからだよ。

その点、勝海舟には、江戸庶民が戦火に巻き込まれないようにという目的意識があった。
だから評価されているんだ。
それにしても薩長の武力討幕路線は、慶喜のせいで肩透かしを食ったわけですよね。
ところが、一度はコブシの振り下ろしどころがなくなった官軍だけど、格好の生贄《いけにえ》を見つけた。
!?
松平容保の会津藩だよ。
え〜〜〜、かわいそう!
あんなに孝明天皇に頼りにされてたのに…

エピソード15
「五箇条の誓文」の裏の誓約と明治天皇の即位日の謎
1868(慶応4)年
3月14日
京都　御所
明治天皇
新政府議定
三条実美《さね》《とみ》
一《ひとつ》、広ク会議ヲ興《おこ》シ万機公論ニ決スベシ
何をやってるんですか？
有名な「五箇条の誓文」を読み上げ、明治維新政府いや新国家の基本方針を、明治天皇が神に誓っているところだ。

一、上下《しょうか》心ヲ一《いつ》ニシテ盛《さかん》ニ経綸《けいりん》ヲ行フベシ
一、官武一《いつ》途《と》庶民ニ至ル迄《まで》各《おのおの》其《その》志ヲ遂ゲ人心ヲシテ倦《うま》ザラシメン事ヲ要ス
一、旧来ノ陋習《ろうしゅう》ヲ破リ天地《あめつち》ノ公道ニ基《もとづ》クベシ
一、智識ヲ世界ニ求メ大《おお》ニ皇基《こうき》ヲ振起《しんき》スベシ
岩倉具《とも》視《み》
なんか難しいな。
研究所に戻って現代語訳を確認しよう。
そう言えば、今日はちょうど、勝と西郷が江戸で話し合って江戸城無血開城を決めた日だね。
歴史的な日なんですね。

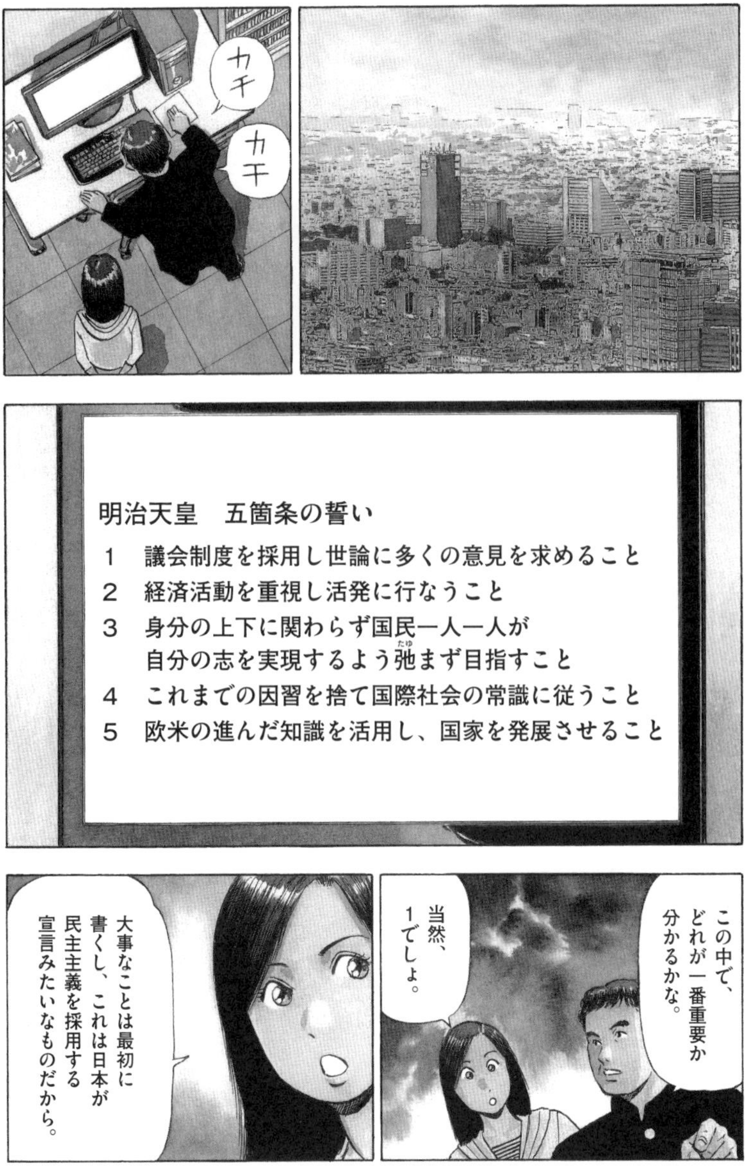
カチ
カチ
明治天皇　五箇条の誓い
1　議会制度を採用し世論に多くの意見を求めること
2　経済活動を重視し活発に行なうこと
3　身分の上下に関わらず国民一人一人が
自分の志を実現するよう弛《たゆ》まず目指すこと
4　これまでの因習を捨て国際社会の常識に従うこと
5　欧米の進んだ知識を活用し、国家を発展させること
この中で、どれが一番重要か分かるかな。
当然、1でしょ。
大事なことは最初に書くし、これは日本が民主主義を採用する宣言みたいなものだから。

確かにそうなんだが、これまでの歴史の流れで言うと、重要なのは4と5かもしれない。
えっ？
4と5？
「因習を捨て国際社会の常識に従う」と、「欧米の進んだ知識を活用し、国家を発展させる」…？
江戸時代から日本は鎖国をしていた。
そこへロシアやアメリカが仲良く貿易をしようと声をかけてきたのに、永年、朱子学の毒に染まってきた日本人はそれができなかった。
だから攘夷を叫んで、敵も味方も斬り殺そうとした。それが因習ってことだ。
そうか、そういうバカな朱子学と決別して、西洋の学問を学んで近代化する。それを宣言したんですね。
そう、新政府は特に外国から信用されてなかったからね。
え、教科書にそんなこと書いてなかったような…外国に信用されてなかったなんて…
ん～確かに、この間まで孝明天皇は攘夷を貫けと言ってたし、薩長も西洋人を殺してましたからねえ…

そんな国家が「いやあ方針変えました」って言ったって、信じられる？
まあ、普通は疑いますね。
だから「五箇条の誓文」が必要だった。
日本で、西洋人が一つだけ信じられるものがある。天皇だ。日本人は天皇の命令なら何でも聞く。
その天皇が先祖の霊に対して「必ず実行します」と誓いを立てたので、西洋人達も「それなら協力しよう」ってことになった。
近代国家はここから始まったんだ。
そういうことですか。
結局、幕末というのは、江戸時代に蓄積された朱子学の毒から、いかに脱却するかがテーマだった。「五箇条の誓文」で一応達成されたということだ。
出ましたね、「一応」が。

鋭いね。
朱子学の毒は
二つある。
一つは中国・朝鮮と共通の、
「祖法《そほう》」を重んじるあまりに
近代化ができない
という問題。
これは何とか克服した。
もう一つは日本独自の問題。
朱子学が神道と結びついた毒だ。
これは残ってしまった。
天皇のためなら法など
無視してもいいという
「一方的思い込み」ですね。
むしろそれがあったからこそ、
天皇の前では、皆が対等
という日本型民主主義が
可能だった。全部排除したら
明治維新がなくなってしまう。
必要悪って
ことですか。
そう。別の角度からも
明治維新を見ておこう。
「五箇条の誓文」は
国内だけじゃなく、
外国を強く意識した
新政府の「表の誓約」だけど、
実は
「裏の誓約」も
あった。
1868(慶応4)年8月26日
讃岐《さぬき》国(香川県)
※崇徳《すとく》天皇陵

※崇徳天皇：保元の乱（1156年）に敗れて讃岐に流され、その地で崩御。その後、天変地異が相次いだことで、崇徳天皇の祟りとされた。

かけまくもかしこき讃岐国阿野郡白峰の山陵に鎮座す
崇徳天皇の御大前《おんおおまえ》に恐《かしこ》み恐み申給《もうしたま》わくと申さく。
勅使
大納言　源通富《みちとみ》
何をしてるのかな？
ここは、香川県にある平安後期に造られた崇徳天皇の墓だ。
今、睦仁《むつひと》親王（明治天皇十七歳）の勅使が崇徳天皇に、宣命《せんみょう》という天皇の命を伝える文書を読み上げている。
この日は崇徳天皇の命日。睦仁親王は、崇徳天皇に対し、謝罪と御霊《みたま》の京への帰還をお願いした。
謝罪って睦仁親王が何か悪いことしたんですか？相手は昔の人ですよね。
天皇家はずっと、武家に天下を奪われたのは崇徳天皇の呪いだと信じていたんだよ。
えーっ、教科書に載ってない！ホントですか？

これは井沢新説じゃなくて、中世の歴史に詳しい人なら誰でも知ってる事実だ。
睦仁親王が公式に使者を派遣したことは、宮内庁の記録にもある。
勅使派遣でケジメをつけた親王は、翌27日、正式に即位し、明治天皇となった。
もう即位してるのかと思ってた。
孝明天皇の崩御後、確かに天皇の位は受け継いだが、それは践祚《※せんそ》と言って正式な即位ではない。
天皇家を代表して崇徳天皇に詫び、さらに9月6日、※神霊を京都に迎え入れ、神宮を建てて祀り、参拝した。
そして9月8日、元号を明治と改めた。
そこまでケジメをつけなければならなかったんですか。崇徳天皇って何者?
それは話せば長くなる。ただ――、

※践祚：皇位の象徴である三種の神器を受け継ぎ、皇位を継承すること。その後に即位の礼が行なわれる。

※白峯神宮：京都市上京区にある神社。配流されてその流刑地で歿《ぼっ》した崇徳天皇・淳仁天皇を祀る。

1964(昭和39)年の東京オリンピック直前の8月26日、つまり崇徳天皇の命日に、昭和天皇は勅使をこの御陵に派遣し、
オリンピックの無事成功を祈願している。通常、勅使は宮内庁職員が務めるけど、この時は弟の高松宮も同行した。
それほど崇徳天皇の霊力は恐れられていたんだ。
聞いてごらん。
此頃皇軍に射向い奉る陸奥出羽の賊徒をば速《すみやか》に鎮定《しずめさだ》めて天下安穏に護助《まもりたすけ》賜えと恐み申給わくと申す。
何て言ったんです?
官軍に刃向かう会津藩など奥羽列藩同盟の賊徒を征伐し、天下が平安になるよう、力をお貸しくださいと言っている。
じゃ会津に行ってみよう。

バァン
1868(明治元)年9月
会津　若松城
ドォオン
ドォオン
……
山川浩
殿！
万策尽き果てて
ございます。
何とぞご決断を！
家老
萱《かや》野《の》権兵衛

降伏せよと申すか！
会津藩主
松平容保《かたもり》
ドドッ
無念じゃ。
このまま朝敵の汚名を着、敵の軍門に降《くだ》るとは。
一時の恥と思《おぼ》し召され、時節をお待ちくだされ。
時節か。そのような日が本当に来るものか。
あーあ、ちょっと前までは長州が朝敵で会津は大忠臣だったのに。
そうだね。だから会津を見捨てた薄情な徳川慶喜とは違って、情に厚い東北の人達は列藩同盟を組んで戦った。
しかし、それは戦争で敵を徹底的に潰したかった薩長の思うツボ。だから、西洋の進んだ武器で徹底的にやられた。
気がついた？この期に及んで会津の武士達は鎧を身につけていただろう。

鎧兜の時代はとっくに終わってるのに。やはりそういうところはダメなんですね。
でも、一人だけ西洋スタイルの人もいましたよ。
重臣の山川浩だね。彼は鎧兜じゃダメだって分かってたんだ。
この後、軍人として明治政府に仕え、懸命に働いて一定の地位を得た。
そこで※『京都守護職始末』という松平容保の本当の姿を描いた本を書いた。それが「会津は朝敵」という世論を覆す結果となった。
会津最高の忠臣は彼かもしれないね。
容保はどうなったんですか？
容保の前で平伏していた家老萱野権兵衛が全責任を取って切腹、容保は死なずに済んだ。
いろいろあったが、晩年は日光東照宮の宮司をしていた。まあ適材適所と言うべきかな。
ただ死ぬまで首から竹筒を下げていた。中に入っていたのは、分かるだろう。

※1911（明治44）年刊行。兄・山川浩の草稿を弟の健次郎（東京帝国大学元総長）が完成させた。

えっ、もしかして…
孝明天皇からの宸翰《しんかん》だ。例の「お前を頼りにしているぞ」という…
「自分は朝敵なんかじゃない」って思いがよほど強かったんだろうね。
そろそろ明治維新の仕上げを見に行こうか。
五箇条の誓文じゃないんですか？
あれは厳密に言えば慶応年間の話。行くよ。
1871（明治4）年
11月
アメリカ号
うわっ、寒。ここ、どこですか？
太平洋上。横浜を出港した客船アメリカ号だ。

歴史は長いスパンで見るべきものだ。だが、それが今の教育ではできていない。
ところで、我々が今乗っている船は何？
何って蒸気船でしょう？
そう、日本人が黒船と意識していた蒸気船、蒸気機関で動く船だ。
これが歴史を変えた。
覚えてる？徳川家康が二度と戦乱の世に戻さないために考えた「家康のルール」４か条。
①大名の反乱を防止
②徳川家の永続
③天皇家対策
でも④は、最初は空白にしておいただろ。
そうでした。④は海外からの侵略対策でしたね。
うん、家康の時代にはまだ木造帆船しかなかったからね。

※『コミック版 逆説の日本史 江戸大改革編』エピソード４参照。

明《ミン》もスペインも日本を侵略することは不可能だった。木造帆船では大勢の兵を運ぶことすら難しいし、
重砲は積載不可能だから艦砲射撃もできない。かといって無理して上陸すれば「唐入り」で鍛えた大名軍団に徹底的にやられる。
だから家康は海外からの侵略対策は省いた。木造船じゃ、薩長連合でも江戸城攻撃は不可能だからね。
ところが、蒸気船がその常識を変えた。
文明が発達すると、全然話が違ってきますね。
木造帆船の時代は、海に囲まれた日本は安全な国だった。蒸気船だと「敵はどこからでも攻め込める」ということになる。
でも教科書だと、そんなニュアンスは感じられないですね。
当時の人の気持ちになって考えなければ、歴史なんて分かりっこない。その気持ちには「宗教」も入っているけどね。
おっ、目当ての人物がやってきたぞ。

外務卿
岩倉具視
ウップ
おえええ
工部大輔
伊藤博文
うえっ
岩倉具視に、伊藤博文もいますね。
ま、麿《まろ》は帰る。これ以上の苦しみには耐えられん。
御辛抱ください。私も最初の航海では、ひどい船酔いに悩まされました。すぐに慣れます。
いや、帰る。船から下ろしてくれ。

早く、閣下を船室にお連れしろ。
明治初期、岩倉具視を団長とする欧米使節団が派遣された。
この視察は一年九か月にも及んだ。
これは最初の航海で、横浜からサンフランシスコに向かっているところだ。
期間が長いですね。新国家建設の大切な時期なのに。
エライ！よく、そこに気がついたね。
ん？
これまで見てきた歴史のデータをすべて頭に入れれば、この岩倉使節団の真の目的が分かるはずだよ。
分かんないですよ。ヒントください！
服装だ。さっき若松城で見たことを思い出してごらん。

…ひょっとして、岩倉具視を目覚めさせるため？
優希くん、君にキスをしたい気分だ。
それ、セクハラです。
さっきも言ったけど、「祖法」を重んじるあまりに近代化できないというのが朱子学社会の大欠陥だ。
高杉晋作ですら、上海《シャンハイ》を見るまで西洋のすごさが分からなかった。
岩倉はまだ着物だっただろう。しかし、帰国した時は洋服を着こなす紳士に変身していた。
朝廷をまとめる岩倉が、近代化に本気にならなければ、明治維新は進まないからね。
でも、
岩倉具視がその気になっても、まだ国内には朱子学の毒にやられた人が大勢いますよね。
そういう人達はどうやって説得したんですか？
まさか全員海外に連れていくわけにもいかないでしょ。
素晴らしい質問だね。じゃあ、その答えが一発で分かる場所に行こう。百聞は一見に如《し》かずだ。

あ——っ、
これが、目覚めない人への実地教育ですね。
その通り。日本最初の鉄道がまさに出発する直前だ。
今、明治何年だと思う？
東京　新橋駅
明治10年頃？
実はまだ明治5年。議会もなければ憲法もない。そんな段階で新生日本がまず造ったのが鉄道だった。
国民を目覚めさせるために、これが必要だったんだ。

そう。徳川家康が朱子学を導入したことによって、江戸時代は良くも悪くも「朱子学の世界」になった。
「祖法」に拘《こだわ》り商業や貿易を蔑視し、近代化を阻むという朱子学の毒が日本を蝕《むしば》んでいた。
それを排除することで明治維新は成功したんだ。
でも、朱子学の必要悪の部分は、残ったままですよ。
それは？
もう幕末維新編のテーマじゃない。
これから後、明治以降の話だ。
つまり幕末維新編は、おしまいってことですね。

幕末維新編　完

5 オランダへの恩義を忘れてしまった日本民族

エルトゥールル号遭難事件をご存じだろうか？　1890（明治23）年9月16日、オスマン帝国海軍の軍艦エルトゥールル号が、日本の和歌山県沖で荒天のため遭難し、乗員六百名近くが死亡・行方不明となったが、六十九名が地元の村民によって救出されたという事件である。日本は手厚い看護の後、乗員を日本海軍の戦艦「比叡」と「金剛」で母国に送還した。

この時、少尉候補生だった秋山真之《さねゆき》は初航海を経験することができた。秋山真之といえば、司馬遼太郎の小説『坂の上の雲』の主人公の一人で、日露戦争の日本海海戦でロシアのバルチック艦隊撃滅の立役者となったことは有名だが、このこともロシアと争っていたオスマン帝国を喜ばせた。

その後、日本とオスマン帝国は対立関係になったこともあるのだが、帝国が解体してトルコ共和国になった後も、彼らはこの恩義を忘れなかった。時は過ぎて1985（昭和60）年のイラン・イラク戦争で、イラクがイラン上空の航空機を無差別に攻撃すると宣言した時、イランに多くの日本人が取り残された。この時、危険を冒して救援機を出してくれたのがトルコだった。おかげで二百十五名の日本人は無事脱出できた。感謝する日本に、トルコは「エルトゥールル号の恩を返しただけだ」と言ったという。

実は、話したいのはトルコではなく、オランダとの関係だ。日本が頑《かたく》なに無謀な鎖国政策を取っている時、国王の名で「開国すべきだ」という友情あふれる勧告をしてくれたのはオランダだった。しかし、幕府はこの勧告を門前払いにした（「江戸大改革編」参照）。

普通なら頭に来るところだが、ペリーの黒船が来てあわてふためく幕府に、オランダは軍艦「観光丸」をタダでくれた上、本来なら軍事機密である海軍術も気前よく教えてくれた。それ以前にも、日本は多くの分野でオランダの世話になっている。昔は西洋の学問のことを「蘭学（オランダ学）」と呼んだほどだ。

もちろん、オランダには日本の開国を自国に有利に進めたいという思惑はあっただろうが、恩義は恩義だ。

では、日本はトルコのように「恩を返した」か？　言うだけヤボとはこのことだろう。

6 国民の目覚めに「鉄道ファースト」が必要だった理由

幕末は人材の宝庫である。しかし、「ある要素」に重点を置くなら、最も優秀だった人間は坂本龍馬と大隈重信だった、と私は考える。

おそらく読者にとって極めて意外な組み合わせだろう。私の知る限り、この二人の共通点を論じた歴史家は一人もいない。

では、共通点は何かと言えば、「外国を見ていない」ことで、より正確に言えば、「欧米に行かずして近代化の必要性に目覚めた」ことである。

高杉晋作と比べてみるとよく分かる。高杉も相当に優秀な男だが、この時代の武士なら誰もが教え込まれていた朱子学に「洗脳」されて、青銅砲や火縄銃で攘夷が可能だと信じていた。しかし、欧米には行けなかったが、上海《シャンハイ》で西洋文明の力量を見て、開国近代化論者に転じた。高杉ですらそうなのだ。

この「洗脳」がいかに恐ろしいものだったかが分かるだろう。だが、現代の日本人は完全に忘れており、当然、歴史学者も無視している。だから最終エピソードのテーマである「なぜ一刻も早く近代化が必要な時に、何年もかけて海外を視察していたのか?」の理由が分からない。

龍馬も大隈も一度も海外に行かなかったのに、攘夷など実行不可能だと理解していた。柔軟な頭脳の持ち主だったのだろう。しかし、巷《ちまた》には「洗脳」された人間ばかりだ。朱子学の呪縛を解くためには海外を見せるのが一番だが、日本人すべてを行かせることなど不可能だ。

ではどうすればいいか?

明治維新後、ロンドンを見てきた伊藤博文と大隈重信がコンビを組んで打った手が、鉄道の敷設だった。

近代国家の建設には、議会制度の整備や教育機関の設立、工場の建設等、やることは山のようにあるのに、なぜ「新橋〜横浜間」という極めて短い鉄道路線を急いで作ったのか?「百聞は一見に如《し》かず」だからである。

コラム1で述べたことを踏まえれば、「朱子学社会だったからこそ、鉄道ファーストが必要だった」ので、これが「歴史を知る」ということなのである。

■作画参考資料■

『ペリー提督神奈川上陸図』(東京国立博物館所蔵)
『絹本着色 吉田松陰像』(山口県文書館所蔵)
『紙本著色 織田信長像』(東大史料編纂所、長興寺所蔵)
『豊臣秀吉像』(高台寺所蔵)
『徳川家康像』(大阪城天守閣所蔵)
『林子平像』(仙台市博物館所蔵)
『徳川斉昭像』(京都大学附属図書館所蔵)
『桂小五郎像』(山口県立山口博物館所蔵)
『長井雅楽像』(萩博物館所蔵)
『新政府綱領八策』(国立国会図書館デジタルコレクション)
『龍馬裏書』(宮内庁所蔵)
『毛理嶋山官軍大勝利之図』(京都大学附属図書館所蔵)
『五箇条御誓文之図』(聖徳記念絵画館所蔵)
『水師提督ペルリ之肖像』(神奈川県立歴史博物館所蔵)
『西郷隆盛像』(国立国会図書館デジタルコレクション)
『徳川慶勝肖像写真』(徳川林政史研究所所蔵)
『山内容堂肖像写真』(高知県立歴史民俗資料館所蔵)
『坂本龍馬肖像写真』(高知県立歴史民俗資料館所蔵)
『松平容保肖像写真』(会津若松市所蔵)
『明治天皇肖像写真』(神奈川県立歴史博物館所蔵)
『松平慶永肖像写真』(福井市立郷土歴史博物館所蔵)
『高杉晋作肖像写真』(萩博物館所蔵)

杉家旧宅(松陰神社内)
徳川家康公像(駿府城公園内)
萩城復元模型(旧厚狭毛利家萩屋敷長屋内)
崇徳天皇陵(香川県白峯寺内)

磯庭園(仙巌園HP)
南鐐二朱銀(日本銀行金融研究所貨幣博物館HP)
鶴丸城御楼門(鹿児島県歴史資料センター黎明館)
寛永寺根本中堂(寛永寺HP)
一号機関車(鉄道博物館HP)
『討幕の密勅』(『明治百年の歴史　明治編』講談社)
『アメリカ号』(『誇り高き日本人』泉三郎著　PHP研究所)

■おことわり／本文中の引用文献に、現代では差別とされる表現がありますが、人権意識が低い当時の社会情勢を知るために、あえて原文のまま掲載しました。

■初出／本書は、小学館のウェブマガジン「P+D MAGAZINE」(2019年5月〜2020年7月配信)に連載された同名作品を加筆改稿し再構成したものです。

●本文デザイン／ためのり企画　●校正／玄冬書林
●編集協力／小学館ナニング(大島 誠、槌田征良)、小林潤子
●企画プロデュース&編集／西澤 潤

【幕末維新編】略年表

	日本	諸外国 ※中＝中国 露＝ロシア 欧＝ヨーロッパ 米＝アメリカ 印＝インド
1792（寛政4）	林子平の『海国兵談』が出版禁止になる／ロシア公式使節アダム・ラクスマンが根室に来港、漂流民大黒屋光太夫らを送還	
1799（寛政11）	幕府が東蝦夷地を天領化	
1799		欧ナポレオン戦争が始まる（～1815）
1804（文化元）	ロシア使節ニコライ・レザノフが長崎の出島に来航、通商を求めるも拒絶される	
1804		欧フランスでナポレオン・ボナパルトが皇帝に即位　欧オーストリア帝国成立
1806（文化3）	幕府が外国船に対する薪水給与令を発する（文化の薪水給与令）	
1807（文化4）	幕府が西蝦夷地を天領化	
1808（文化5）	英国軍艦フェートン号が国籍を偽り長崎に入港（フェートン号事件）	
1811（文化8）	松前藩が露人艦長ゴローウニンらを捕縛、抑留する（ゴローウニン事件）	
1816		欧メキシコなど中南米諸国がスペイン、ポルトガルから相次いで独立（～25）
1821（文政4）	蝦夷地の大半を松前藩へ返却	
1825（文政8）	異国船打払令発布	
1828（文政11）	オランダの医師シーボルトが日本地図を持ち出そうとして、関係者が厳罰を受ける（シーボルト事件）	
1833（天保4）	天保の大飢饉	
1837（天保8）	徳川家慶が十二代将軍となる／大塩平八郎の乱／米国商人チャールズ・キングが音吉ら漂流民を送り届けるため浦賀に来航するが、異国船打払令に基づき日本側が砲撃（モリソン号事件）	
1839（天保10）	幕府の対外政策を批判した渡辺崋山、高野長英らが投獄される（蛮社の獄）	
1840		中清でアヘン戦争勃発（～42）

1841（天保12）	老中水野忠邦による天保の改革が始まる（〜43）
1842（天保13）	異国船打払令を廃止し、漂着した外国船には薪や食料を与える方針に転換（天保の薪水給与令）
1842	中 清がイギリスと南京条約を締結
1844（天保15）	オランダ国王ウィレム2世が幕府に開国を勧告するが、幕府はこれを謝絶
1846（弘化3）	ジェームズ・ビッドル率いる米国艦隊が浦賀に来航、通商を求めるも拒絶される（ビッドル暴行事件）
1846	米 オレゴン併合でアメリカ領が太平洋岸に到達／メキシコとの間に米墨戦争勃発（〜48）
1848	米 カリフォルニアで金鉱脈が見つかりゴールドラッシュが始まる
1851（嘉永4）	遭難漁民の中浜万次郎ら、米国船に送られて琉球に上陸
1851	中 清で太平天国の乱が起こる（〜64）
1852	欧 フランスでナポレオン3世が皇帝に即位
1853（嘉永6）	米国の東インド艦隊司令長官マシュー・ペリーが米国大統領フィルモアの国書を携え浦賀に来航／徳川家慶没、家定が十三代将軍に就任／プチャーチン率いるロシア艦隊が長崎に来航
1853	露 欧 クリミア戦争勃発（〜56）
1854（嘉永7）	ペリーが再度来航。3月3日、日米和親条約締結により日本は下田と箱館の二港を開港
（安政元）	日露和親条約締結
1856（安政3）	タウンゼント・ハリス、米総領事として下田に入港
1856	中 清でアロー戦争（第二次アヘン戦争）勃発（〜60）
1857（安政4）	下田条約締結。ハリス、江戸城に登城し、米国大統領ピアースの親書を将軍に渡す
1857	印 セポイの乱が起こる
1858（安政5）	日米修好通商条約締結の勅許をめぐり岩倉具視ら公家が抗議行動を起こす（廷臣八十八卿列参事件）／大老井伊直弼が勅許を得ずに日米修好通商条約に調印／井伊による尊攘派の弾圧が始まる（安政の大獄〈〜59〉。水戸藩主徳川斉昭、尾張藩主徳川慶勝、一橋家当主徳川慶喜ら隠居・謹慎、越前藩士橋本左内、長州藩士吉田松陰ら刑死）／徳川家定没、家茂が十四代将軍に就任／孝明天皇が水戸藩に

	日本	諸外国　※中＝中国　露＝ロシア　欧＝ヨーロッパ　米＝アメリカ　印＝インド
1858	幕府改革の勅書を送る（戊午の密勅）	印ムガール帝国滅亡。イギリスがインドを併合
1860（安政7）	日米修好通商条約の批准書交換のため遣米使節団を派遣。護衛として勝海舟らが咸臨丸で随行／井伊直弼が水戸浪士らに暗殺される（桜田門外の変）	
（万延元）	幕府が五品江戸廻送令を発布、生糸・雑穀などの貿易統制を図る／外国との交易による金貨（小判）の大量流出を受け、金含有量を大幅に引き下げた万延小判を発行（万延貨幣改鋳）／ハリスの通訳を務めるオランダ人ヒュースケンが薩摩藩の浪士に江戸で暗殺される	
1860		中清がイギリス、フランスと北京条約を締結
1861（文久元）	長州藩士長井雅楽が「航海遠略策」を朝廷に建白／水戸藩浪士が高輪東禅寺の英国仮公使館を襲撃（東禅寺事件）／公武合体政策で、和宮が将軍家茂に降嫁	
1861		欧イタリア王国建国　米南北戦争勃発（～65）
1862（文久2）	公武合体派の老中安藤信正が水戸浪士に襲われる（坂下門外の変）／高杉晋作が幕府船で渡航し、上海を視察／薩摩藩の島津久光が江戸に赴き幕政改革を主導（文久の改革）。新設された政事総裁職に松平慶永（春嶽）、将軍後継職に徳川慶喜、京都守護職に会津藩主松平容保が就任／久光の行列を妨害したイギリス人が薩摩藩士に殺傷される（生麦事件）	
1863（文久3）	将軍家茂上洛／長州藩が下関で外国商船を砲撃／伊藤博文、井上馨らが藩命を受けてイギリスへ留学／高杉晋作が奇兵隊を創設／生麦事件の報復で薩英戦争勃発。薩摩、イギリスともに大きな損害を被るが、講和後、両者は急速に接近する／尊攘派の浪士らが公卿中山忠光を擁して大和で挙兵、代官所を襲う（天誅組の変）など、尊王攘夷の動きが活発になる／八月十八日の政変で、長州藩を中心とする尊攘派が失脚、三条実美ら急進派の公家も京都から追放される	
1864（元治元）	長州・土佐藩などの尊攘派が、新撰組により多数斬殺・捕縛される（池田屋事件）／長州藩が御所を攻め、薩摩・会津藩らに鎮圧される（禁門の変、または蛤御門の変）／幕府による第一次長州征伐／イギリス、フランス、アメリカ、オランダの連合艦隊が長州藩を攻撃（四国艦隊下関砲撃事件。馬関戦争とも）／高杉晋作が藩内クーデターを起こす（功山寺挙兵）	

1865（慶応元）	長州再征発令／列国の圧力により、朝廷が安政の五カ国条約に勅許を与える
1866（慶応2）	薩長同盟成立／英仏米蘭の要求で幕府が改税約書を調印、輸入関税が引き下げられ不平等がさらに拡大／第二次長州征伐を行なうも薩摩藩は出兵を拒否、幕府は家茂の急死を理由に戦闘を中止／長州征伐のさなか、江戸や大阪では打ちこわしが頻発。物価上昇や政情不安を受けて、各地で「世直し一揆」が起こる／徳川慶喜が十五代将軍に就任／孝明天皇崩御
1867（慶応3）	兵庫開港の勅許／「ええじゃないか」の集団乱舞が東海地方で発生し、各地に波及／坂本龍馬が土佐藩参政後藤象二郎に大政奉還を含む船中八策を提示し、土佐藩前藩主山内豊信（容堂）が徳川慶喜に大政奉還を建白する／薩長両藩に討幕の密勅が下るも、同日、慶喜が朝廷に大政奉還を上奏／坂本龍馬、中岡慎太郎が暗殺される（近江屋事件）／岩倉具視ら倒幕派が、王政復古の大号令を発し、新政府の樹立を宣言
1867	米ロシアからアラスカを購入
1868（慶応4） （明治元）	鳥羽・伏見の戦いを端緒に、戊辰戦争が始まる（～69）／慶喜、大坂城を出て江戸に戻った後、上野寛永寺に蟄居謹慎／新政府が「五箇条の誓文」を公布／勝海舟と西郷隆盛の交渉により、江戸城が無血開城される／上野戦争で旧幕府軍の彰義隊が敗れる／江戸を東京と改称／明治天皇即位 明治に改元、一世一元の制を採用する／奥羽越列藩同盟と新政府軍との戦いで、中心となった会津藩が降伏（会津戦争）
1869（明治2）	京都から東京へ首都を移す／五稜郭の戦いで、旧幕府艦隊を率いた榎本武揚が新政府軍に降伏、戊辰戦争が終結する
1869	欧エジプトにスエズ運河が開通し、アジアへの航路が大幅に短縮される
1870	欧普仏戦争勃発（～71）
1871（明治4）	明治政府が岩倉具視を大使とする使節団（岩倉使節団）を欧米に派遣。大久保利通、伊藤博文、木戸孝允ら一〇七名が一年九か月にわたって各国を歴訪
1872（明治5）	新橋～横浜間に鉄道が開通

井沢元彦　MOTOHIKO IZAWA
作家。1954年２月、愛知県名古屋市生まれ。早稲田大学法学部を卒業後、TBSに入社。報道局社会部の記者だった80年に、『猿丸幻視行』で第26回江戸川乱歩賞を受賞。『逆説の日本史』シリーズは単行本・文庫本・ビジュアル版で累計550万部超のベスト&ロングセラーとなっている。『コミック版 逆説の日本史』は小学館のウェブマガジン「小説丸」で大好評連載中。近著に『日本史真髄』がある。

千葉きよかず　KIYOKAZU CHIBA
漫画家。1961年4月、静岡県御殿場市生まれ。高校卒業後、漫画家・村上もとか氏のアシスタントを経て、『赤いペガサスII・翔』で連載デビュー。主な代表作に『ソラモリ』(原作／村上もとか)、『DANCING THUNDER』などがある。

コミック版　逆説の日本史

幕末維新編

2021年１月20日　初版第１刷発行
2023年11月25日　　　　第２刷発行

著　者　井沢元彦、千葉きよかず
発行者　五十嵐佳世
発行所　株式会社 小学館
〒101-8001
東京都千代田区一ツ橋 2-3-1
電話　編集 03-3230-5126
販売 03-5281-3555

印刷所　TOPPAN株式会社
製本所　株式会社若林製本工場

ISBN978-4-09-388809-7